저 높은 하늘을 향해 성장하려는 나무가

험한 날씨와 거센 폭풍우를 피할 수 있겠는가?

- 니체 -

Friedrich Nietzsche

The JOYFUL WISDOM

왜 너는 편하게 살고자 하는가

프리드리히 니체 지음 | 김요한 옮김

RISE

옮긴이의 말

지금 우리 시대는 스스로 사유思惟하고 실행하는 것이 아니라, 이미 제시된 대로만 생각하도록 만드는 경향이 늘어나고 있다. 하루에도 수십만 개의 콘텐츠가 쏟아지고 있는 현실에서 인공지능AI 기술까지 우리 실생활 곳곳에 접목된다면, 이러한 콘텐츠 무한 생성은 더욱 가속화될 것이다. 그만큼 다양한 콘텐츠를 즐길 수 있는 장점도 있다. 하지만 스스로 사유하는 능력이 없다면 무분별한 '콘텐츠의 홍수' 속에 휩쓸리고, 자칫 자기 삶의 주도권을 잃을 우려가 있다.

결국은 '책'이 모든 콘텐츠의 근원이라고 생각한다. 지금 시대는 직접 종이책을 만지고 한 장씩 읽음으로써, 자유롭게 상상하며 세상을 바라보던 시절로 돌아가 스스로 사고의 확장을 이루는 것이 절실하다. 이것이 내가 니체의 〈The Joyful Wisdom La Gaya Scienza〉을 선택한 이유다. 또한, 니체가 인류에 끼친 깊은 영향력과 그에 대한 다양한 견해와 논쟁, 그리고 지금 시대에 필요한 니체의 사상을 고려할 때 어떤 방식으로 접근할지를 고민했다.

이 책은 1910년 토마스 커먼Thomas Common의 번역본을 바탕으로, 다음 세 가지 원칙에 따라 새롭게 옮겼다. 첫째, 현대 사회의 위협에 굴복하지 않고 자신의 길을 걷는 분들에게 도움 되는 글을 엄선했다. 둘째, 니체의 원문을 최대한 살리고, 개인적 해석과 표현을 최소화했다. 셋째, 글보다 영상에 익숙한 현대인들의 접근성을 고려해 현대적이고 이해하기 쉬운 표현을 사용했다. 니체 철학의 특징상 어렵게 느껴질 수 있는 부분은 원래 의미를 해치지 않는 범위에서 명료하게 설명하고, 지나치게 난해한 부분은 간소화했다.

마지막으로, 니체의 글 중 '지금 절망 속에 있다면'을 인용하여 독자분에게 전하고 싶은 인사말을 대신한다.

"아무리 깊은 어둠 속에 있다고 할지라도
작은 틈 사이로 비치는 태양빛을 바라보라.
절망은 결코 영원하지 않으리니."

지금 겪고 있는 모든 어려움과 도전 속에서도, 항상 '희망의 빛'을 찾아 앞으로 나아가는 당신의 여정이 이 책을 통해 시작되기를 진심으로 바란다.

김요한

목차

CHAPTER 2 깊은 질문에 답하다

CHAPTER 3
깨달음으로의 고통스러운 여정

CHAPTER 4
우리, 이해받지 못하는 자들의 삶

Friedrich

Nietzsche

CHAPTER 1

존재의 의미를 찾아서

남이 찾은 것을 좇는 것에 지쳐
스스로 찾는 법을 배웠네.
이제는 바람이 부는 대로 따라간다네.

001

초대장

나의 이야기를 들어 보아라.

이해되지 않더라도 집중해 보아라.

어느새 당신의 마음에 들 것이고,

들을수록 깊은 사랑에 빠질 테니.

그 후에도 당신이 더 원한다면,

내 모든 영감靈感을 다해 용기를 내어

끊임없이 새로운 이야기들을 전하겠다.

002

스스로 찾아가는 길

남이 만든 지도를 보며 길을 찾는 일에 지쳐
나만의 지도를 그려나가기 시작했다.

과거에는 폭풍 같은 어려움에 휩쓸렸지만
이제는 자유롭게 바람을 타고
나 자신만을 의지하며 나아간다.

003

평범하지도 높지도 않은 그 어디쯤

평범한 곳에 머무르지 말고,

너무 높은 곳에 올라가지도 말라.

항상 중간 지점에서 머물러야 한다.

그곳에서야 당신은 비로소

세상의 진짜 모습을 볼 수 있을 테니까.

004

오직 자신을 따라가라

내가 하는 말과 행동에 영향을 받아서
내 발걸음을 맹목적으로 따라가려고 하는가?

멈춰라.
오직 자기 자신을 변함없이 따라가라.

하지만 조심하기를.
조금만 방심해도 나의 길을 따르게 될지 모르니까.

005

지금 절망 속에 있다면

세상을 바라보는 눈과
옳고 그름을 느끼는 감각이
사라져 버리지 않도록,

아무리 깊은 어둠 속에 있다고 할지라도
작은 틈 사이로 비치는 태양빛을 바라보라.

절망은 결코 영원하지 않으리니.

006

그냥 해

'저 높은 곳은 어떻게 올라가야 하는 거지?'

지금 그런 생각을 할 정도로 시간이 많은가?
아니면 고통을 감수하기 전에 마음가짐을 위한
시간이 필요하다는 핑계를 대는 것인가?

모든 생각을 멈추고 움직여라.
그리고 오르기 시작하라.

007

설명할 이유가 없다

내 입으로 나의 장점을 설명하면
오히려 더 복잡해지고,
누구도 나를 제대로 이해할 수 없다.

하지만 대담하게 행동하고 내 길을 간다면
더 많은 영감을 얻을 수 있다.

그러니 내 입으로 나의 뭔가를 설명하지 말고,
오로지 행동으로 보여라.

아무도 보지 않는 곳에서조차
세상은 당신을 보고 있을 테니.

애써 설명하지 않아도 모두가 알게 된다.

008

원시(遠視)

다른 사람들의 마음은 잘 알지만,
내 마음은 나도 잘 알 수가 없다.

벽에 눈을 가져다 대고 보듯이
가깝게 보아서 그런 것인지.

때로는 나의 눈이 내 몸으로부터
조금 떨어져 있으면 좋겠다.

009

무언가를 이루기 위해서는

당신이 무언가를 이루고 싶다면,

천 개의 계단을 올라가야 한다.

다른 사람들은 말한다.

'그것은 너무 어렵고 가혹한 과정'이라고.

당신은 바라고 꿈꾸는 것이 많다고 하지 않았는가?

그렇다면 천 개의 계단을 반드시 올라가야만 한다.

다른 사람들은 계단 위의 공기는 탐하면서도

반드시 지나가야 하는 과정에 대해서는 부정한다.

010

새로운 도전을 위한 격려

아무 도움 없이 기어가는 아이를 보아라.
위태로운 모습에 부모는 걱정하겠지.

'우리 아이가 걷는 법을 배울 수 있을까?'

서두르지 말고 잠시 기다려주어라.
아이는 넘어지고 일어서고
울고 안기고를 반복하겠지만,
어느새 춤을 추고 싶어 할 테니까.

그리고 그 아이가 두 다리로 서게 된다면
당신의 머리 위로 높이 서 있는 모습을
볼 수 있게 될 것이다.

011

공전(公轉)

나는 쉬지 않고 빙빙 도는 회전목마와 같아서
어려운 일의 주변을 돌며 항상 의문을 품는다.

지구는 뜨거운 태양의 둘레를 공전公轉하면서
어떻게 불타지 않고 인간에게 살아갈 에너지를
공급할 수 있을까?

결국, 나 자신에게서 답을 찾는다.
'아, 내가 지구이고, 에너지는 나의 꿈이었구나.'

012

적당한 거리

나의 행복감이 친구에게 지나치게 가까우면,

그의 마음속에 불안과 시기가 일어날 수 있다.

내 행복을 자기 일처럼 기뻐해 주길 바라는 것은

상대방의 감정조차 소유하려는 나의 이기심일 뿐이니,

소중한 친구일수록 모든 것을 드러낼 필요는 없다.

그를 위해서,

또 나를 위해서.

013

우리가 추구해야 할 '그'의 모습

그는 누구도 부러워하지 않는다.

사람들은 그를 한결같이 칭찬하지만,
그는 전혀 개의치 않는다.
타인의 박수엔 관심도 없고, 바라지도 않는다.

그는 멀리 있는 것을 볼 수 있는
'독수리의 눈'을 가졌다.
그는 자신 이외의 다른 사람은 보지 않는다.
오직 스스로 빛을 내는 밤하늘의 별을 바라본다.

014

중요한 것은 바라보는 곳

위태롭고 더러운 땅 위에서

까치발을 들어 높은 곳을 보는 것이,

대리석 깔린 깨끗한 동네를

네발로 기어가며 땅을 보는 것보다 낫다.

015

강력한 권고

세상에 이름을 널리 알리고 싶은가?
유명해져서 부富를 쉽게 얻고 싶은가?

그러한 생각을 멈추고, 그저 배우며
자기 일에 모든 것을 집중해야 한다.

그러고 나서 지켜보아라.
원하던 모든 것이 어느새 네 곁에 있을 테니.

016

쉽게 지치는 사람들

쉽게 지치는 사람들은
태양이 내뿜는 강렬한 햇빛 아래에서
눈부심을 탓하며 평온한 그늘만을 찾아 헤맨다.

그 빛이 자신을 성장시키는 줄도 모르고,
너무 뜨거워 움직일 수 없다며 원망한다.

017

그가 추락할 때

그가 넘어지고 추락하는 걸 우리는 비웃지만,
사실 그는 우리와 같은 위치로 돌아온 것뿐이다.

그로 인해 생긴 기쁨은 결국 사라지게 될 것이고,
기뻐한 사람들의 빛 또한 어둠에 묻히게 될 것이다.

018

회의론자가 내게 말한다

회의론자가 내게 말했다.

"네 인생의 절반이 벌써 지나갔어.

시간이 흐른 만큼 네 마음도 두려움에 떨고 있어.

많은 곳을 돌아다녔지만, 아무것도 못 찾았잖아."

"네 인생의 남은 절반도 이미 끝난 것과 같아.

지나온 시간은 고통과 실수로 가득했잖아.

그런데 왜, 아직 여기에 있는 거야?

무엇을 더 찾고 있는 거야?"

나는 이렇게 대답했다.

"네가 말한 '그것'이 내가 여기 있는 이유야.

아직 찾지 못한 '그 무언가'를 찾기 위해서.

그리고 나는 반드시 찾아낼 거야."

019

당신은 별이다

끝없이 광활하게 펼쳐진 우주와 같은 운명인
별에게 어두움 따위가 과연 중요할까?

그냥 시간이 자연스럽게 흘러가도록 내버려두라.
슬픔이 살짝 다가와 만족감이 사라져도 괜찮다.
연민憐憫은 저 멀리서 보이는 흐린 불빛 같을 뿐.

당신에게는 단 하나의 법칙만이 존재한다.
'언제나 순수하고 맑게 빛나야 한다는 것.'

020

멀리서 보아야 아름답다

산山은 늘 그 자리에서 자신이 있는 지역을
정말 매력적이고 의미 있는 곳으로 만든다.

우리는 이러한 산을 비합리적인 판단으로
세상에서 가장 멋진 곳이라고 믿게 된다.
그래서 우리는 매번 그 산을 오른다.

하지만 정상에 서면 그 매력은 사라져 버린다.
갑자기 마법에서 벗어난 것처럼 우리 주변과
산 아래의 풍경이 평범해 보이기 시작한다.

우리는 무언가를 위대하다고 생각하는 마음은
어느 정도 거리에서, 주로 밑에서 바라봤을 때만
느낄 수 있다는 사실을 쉽게 잊곤 한다.

021

참을 수 없는 부끄러움

다른 사람들과 어울릴 때 가끔은
자신의 감정을 숨겨야 할 순간이 있다.

자기감정을 들켰을 때 부끄러워하는 이들은
갑자기 자신의 깊은 감정이 드러나게 되면
비밀을 들킨 것처럼 상대방에게 거부감을 느낀다.

이런 순간, 그들에게 다시 편안함을 주고 싶다면
웃음을 주거나 가벼운 농담을 던져서
그들이 다시 자신을 찾도록 하는 것이 좋다.

022

선(線)

인생의 여정에서, 우리는 한때 가까운 존재였다.
우리 사이의 우정(형제애)에 방해가 되는 것은
그저 작은 선線 하나뿐이었다.

당신이 그 선을 건너려고 할 때, 나는 물었다.
"선을 건너서 내게로 올 수 있는가?"
그러나 당신은 더 이상 오고 싶어 하지 않았고,

내가 다시 부탁했을 때, 당신은 아무 말도 없었다.
그 후 도시의 소음과 수많은 사람이 들어서서
우리 사이를 분리하고, 서로 다가갈 수 없게 되었다.

그리고 지금은, 우리 사이의 선을 떠올릴 때면,
당신은 말이 아닌 오직 눈물만을 지니게 되었다.

023

아름다울 수 없는 가난

아무리 애써도 가난을 아름답게 만들 수는 없다.

하지만 가난을 필연적인 것으로 해석함으로써
우리가 가난 때문에 고통스러운 것을 막거나
더 이상 운명을 원망하지 않게 만들 수는 있다.

이는 마치 현명한 정원사가 정원의 작은 물줄기를
큰 분수로 만들어 '자연의 여신'에게 맡기는 것처럼
가난에도 어떤 의미를 부여할 수 있다는 뜻이다.

누군가는 자연의 여신 같은 존재가 필요하지 않을까?
그 누군가가 부디 당신은 아니기를 바란다.

024

폭풍 같은 삶을 견뎌내는 이에게

저 높은 하늘을 향해 성장하려는 나무가
험한 날씨와 거센 폭풍우를 피할 수 있겠는가?

마찬가지로 인간에게 반대, 증오, 질투, 완고함, 불신,
엄격함, 탐욕, 폭력 등 불리한 외부 사건이 없다면
위대한 성장이 과연 가능하겠는가?

땅속 깊은 곳에 파묻힌 뿌리처럼 바닥끝에 떨어져
아무것도 못 하는 상황이라면, 이 말을 해주고 싶다.

"당신은 땅속에 묻힌 게 아니라 심어진 것이다."

025

삶이란 무엇인가?

삶이란, 우리 안에서 죽어가고 있는 것을
끊임없이 제거하는 것이다.
삶이란, 우리 자신뿐만 아니라 약해지고
늙어가는 모든 것에 잔인하고 무자비한 것이다.

그렇다면, 삶이란 무엇일까?

죽어가는 자, 고통받는 자, 나이 든 사람들에게
동정심을 느끼지 말라는 것일까?
우리는 계속 타인을 해치는 존재가 되어야 할까?

그럼에도 불구하고 지혜로운 모세Moses는
우리에게 '살인하지 말라'고 가르쳤다.

026

자신을 포기하는 사람

자신을 스스로 포기한 사람은
오히려 더 높은 목표를 추구한다.
주변의 누구보다도 더 멀리 가고,
더 높게 날 수 있기를 꿈꾼다.

그는 자신의 비상飛上을
방해하는 많은 것을 내려놓는다.
그중에는 가치 있는 것들도 있고,
그를 불편하게 하지 않는 것들도 있다.

하지만 그는 자신의 목표를 향한 열망에
그 모든 것을 기꺼이 희생한다.
이러한 희생으로 그의 본질이 드러난다.
그래서 우리는 그를 이렇게 부른다.
'자신을 포기하는 사람'이라고.

그는 우리 앞에 수도사처럼 서 있다.
이 모든 것을 통해 그는 만족한다.
그는 우리에게 자신의 욕망, 자부심,
누구보다 더 높게 날려는 의지를 숨긴다.

그렇다.
그는 우리가 생각하는 것보다
더 지혜롭고 예의 바른 사람이다.
왜냐하면, 자신의 포기 속에서조차
스스로 긍정하는 사람이기 때문에.

Friedrich

Nietzsche

CHAPTER 2

깊은 질문에 답하다

성공은 스스로 자신감을 주어
더 큰 도전에 나서게 하며,
실패의 가능성을 두려워하지 않게 한다.

027

마지막 순간들

아우구스투스Augustus 황제의 마지막 순간을 돌아보자. 그는 평소에 자신을 잘 통제하고, 소크라테스Socrates처럼 침묵할 수 있는 강인한 인물이었다. 그러나 생生의 마지막 순간에 이르렀을 때 갑자기 자신의 본모습을 드러냈다. 아우구스투스는 평생 가면을 쓰고 연기를 해왔음을 고백했다. 그는 스스로 '국가의 아버지'이자 '지혜로운 지도자'로 연기했는데, 심지어 그 자신도 실제인 듯한 착각에 빠져있었다.

"친구들이여, 연극이 끝났다."

그의 이 말은, 죽음을 앞둔 네로Nero 황제가 "어떤 예술가로 죽는가"라고 말한 것과 마찬가지로, 아우구스투스가 자신의 삶을 연극 무대로 바라보았음을 보여준다. 게다가 그의 마지막 태도는 죽음을 받아들인 소크라테스의 평온함과는 정반대였다. 아우구스투스가 마지막 힘을 내어 다시 살아날 것 같았을 때, 그를 베개로 질식시켜 죽이는 것이 좋다고 결정되었다. 그는 마치 두 번 죽은 것처럼 생의 끝을 맞이했다.

반면 티베리우스Tiberius 황제는 조용히 죽음을 맞이했다. 그는 생전에 진실을 추구하고 연기하는 삶을 거부했다. 그러면 티베리우스는 마지막에 어떤 생각을 했을까.

"삶은 긴 죽음이다. 그런데 왜 나는 여러 사람의 삶을 단축시켰는가? 그들에게 더 나은 삶을 주었어야 했다. 그랬다면 그들이 영원히 죽어가는 모습을 볼 수 있었을 것이다. 그들은 어떤 관객으로 죽는가? 나는 그런 광경을 보기에 충분히 냉정한 사람이었다."

028

젊음, 이성으로 설득되지 않는

젊은이들의 에너지가 얼마나 쉽게 분출되는가를 생각한다면, 그들이 어떠한 목표를 선택할 때 그다지 까다로워하지 않는 것에 놀라지 않을 것이다. 젊은이들을 끌어당기는 것은 특정 원인 자체보다는 그 원인에 대한 '열정'으로, 마치 불이 붙은 성냥과 같다.

이런 이유로, 어떤 이들은 젊은이들의 이성을 마비시키는 폭발적인 전망展望을 제시함으로써, 젊은이들을 유혹하고 자신의 편으로 끌어들인다. 그들은 이성적인 주장으로 젊은이들의 마음을 사로잡지 않는다. 물론 화약통 같은 젊은이들도 이성만으로는 절대 설득되지 않는다.

029
취향의 변화

취향의 변화는 의견의 변화보다 훨씬 더 중요하다. 의견은 반박과 증거, 그리고 지적인 논쟁 속에서 단지 취향이 변하는 현상일 뿐이지, 일반적으로 사람들이 생각하는 것처럼 취향 자체가 의견의 변화 원인이 아니다.

그러면 취향은 어떻게 변하는가? 큰 영향력을 가진 사람들이 '이건 우스꽝스럽다, 저건 어리석다'라고 당당하게 표현하고, 이를 공공연히 실행함으로써 취향이 변한다. 즉 그들이 자신의 취향에 맞지 않아 불쾌함을 표현하면, 이에 영향받은 다른 사람들도 점차 익숙해지고, 결국에는 대중적인 공감대가 형성되어 그들의 취향을 따르는 것이다.

그러나 이러한 개인들이 다른 것을 '맛보는' 것은, 그들의 생활 방식이나 영양 상태, 또는 소화 기능의 특성에서 비롯된다. 아마도 그들의 혈액과 뇌 속에 있는 특정한 화학

물질의 자극에 기인한 것으로 볼 수 있다.

간단히 말하면 그들의 신체적 특성에서 비롯된다는 것이다. 그들 자신도 신체적 특성을 잘 알고 있으며, 자신의 신체 구성에 따른 작은 변화에도 집중할 수 있다. 그들이 무언가에 대해 '옳고 그름'을 판단하는 분별력은, 바로 신체적 특성에 따라 세밀하게 반응하는 것이다.

030

후회에 반대하며

사유思惟하는 사람은 무언가를 알아내고자 하는 행동을 질문으로 여긴다. '성공'이든 '실패'든 그 결과가 답이다.

하지만 무언가에 실패했다고 해서 후회하거나 자학自虐하지 않는다. 이는 마치 그 결과를 기다리는 하인과 같다.

관대寬大한 주인은 그 결과에 만족하지 않아도 하인에게 매질하지 않기에.

031

창조적 정신을 가진 사람들

현대 문명 국가에 사는 대부분의 사람들이 일하는 이유는 돈 때문이다. 그들에게 일은 수단일 뿐, 목적 차제가 아니다. 따라서 일로부터 큰 이익을 얻을 수만 있다면, 그들은 일을 선택할 때 까다롭게 굴지 않는다.

반면 자신이 하는 일에서 즐거움을 찾지 못하면, 살고 싶지 않을 만큼 괴로워하는 사람들도 있다. 이들은 일 자체에서 얻는 만족감이 필수로, 풍요한 이익만으로는 만족하지 않는다. 예술가, 사색가, 여행가, 또는 연애나 모험을 즐기는 사람들이 이 범주에 속한다.

이들은 즐거움을 위해 어려움과 고통을 마다하지 않으며, 필요하다면 힘든 노동조차 기꺼이 한다. 그러나 동시에 이들은 가난, 불명예, 건강이나 생명의 위험 속에서도 어느 정도의 나태懶怠함을 유지한다. 권태倦怠를 두려워하지 않으며, 사실 이들이 작업에 성공하려면 많은 권태가 필요하기까지 하다.

창조적 정신을 가진 사람에게 권태란, 성공적인 작업을 위해 꼭 필요한 '창조성의 요람'과 같다. 이들은 권태를 견디면서 창조성이 발현되기를 기다린다. 이러한 것들은 일상 속 평범한 사람들은 결코 경험할 수 없다.

032

인간은 믿음에 의해 행동한다

우리는 '인류가 실제 어떤 동기로 행동해왔는지 아는 것'이 중요하다. 그러나 사유하는 사람에게는 '인류가 어떤 동기를 믿고, 이를 행동의 원동력으로 삼았는지 파악하는 것'이 더 중요하다. 왜냐하면, 인간의 행복과 불행은 '자신이 믿는 동기'에 의해 결정되기 때문이다.

인간은 자신이 생각하고 믿는 것에 의해 행동을 결정하며, 이러한 신념에 바탕을 둔 시스템System은 삶의 질을 높이는 데 직접적인 요인이 된다. 따라서 우리가 믿는 것이 현실을 어떻게 형성하는지 이해하는 것은 매우 중요하다.

신념은 단순히 개인적인 생각을 넘어서 사회적인 현상으로도 작용하며, 집단적인 행동과 문화적 특성을 형성하는 데 큰 영향을 미친다. 예를 들어 개인의 경제적 번영을 최고의 가치로 여기는 사회는 그 목표를 달성하기 위한 정책과 개인의 행동 양식을 개발할 것이다.

반면 공동체의 복지와 사회적 연대를 중시하는 사회는 그에 적합한 형식의 정책과 행동을 촉진할 것이다. 각 사회는 목표에 걸맞은 신념에 따라 다른 방식으로 발전하며, 이는 국가의 법과 교육, 그리고 일상생활에까지 영향을 미친다.

인간의 신념은 행동뿐 아니라 사회의 형태와 문화의 질을 결정짓는 중요한 요소다. 그러므로 인류는 실제로 어떤 동기에 의해 움직였는지보다 '무엇을 믿었는지'가 더 중요한 질문이 될 수 있다.

033

우리의 놀라움

과학이 명백한 사실을 밝혀내어 새로운 연구의 기틀을 마련한다는 것에 매우 만족한다. 이는 너무나 당연한 이야기가 아니다. 오히려 과학의 연구 결과가 오랫동안 지속될 수 있다는 사실에 놀라움을 금치 못한다. 실제로 우리는 자신의 판단이 얼마나 불확실하고 변덕스러운지, 또 인간의 모든 법과 개념이 얼마나 자주 변하는지 잘 알고 있지 않은가.

과거에는 인간의 모든 것이 이렇게 변할 수 있다는 사실을 전혀 몰랐다. 도덕과 관습 속에서 우리는 인간 내면의 삶은 영원히 변하지 않는 것으로 여겼다. 아마 당시 사람들은 '변화'에 대해 동화 속 이야기를 듣는 기분이었을 것이다. 당시 사람들에게 '변화'는 놀라움과 동시에 큰 위안이 되었을 것이다. 그들도 가끔 영원한 규칙에 지쳤을 테니까.

"한번은 땅에서 일어나 하늘을 날아보자. 길을 잃고 방황해 보자."

이렇듯 '변화'는 그 시대의 낙원이자 축제였다. 반면 우리에게 '행복'이란, 폭풍우를 만난 배가 난파難破되어 해안에 도착하여 배 밖으로 나갔는데, 땅에 발을 딛자마자 흔들리지 않는다는 사실에 놀라는 것과 같다.

034

고통에 관한 생각조차 견디기 어려워하는 시대

시대를 구분하는 중요한 요소 중 하나는, 그 시대 사람들의 '고통에 대한 인식'이 얼마나 다른가이다. 이는 신체적 고통뿐만 아니라 영혼의 고통도 해당된다. 과거에 살았던 사람들은 폭력에 맞서기 위해 스스로 폭력적이어야 했다. 그에 비하면 현대인들은 고통을 잘 모르는 허풍쟁이나 몽상가나 마찬가지다.

과거 시대의 사람들은 '신체적 고통'을 오랫동안 견뎌냈으며, 그러한 고통을 자신의 보존을 위한 필수적인 수단으로 여겼다. 그들은 고통에 견딜 수 있도록 자신을 단련했으며, 반대로 다른 사람에게 고통을 가하여 끔찍한 모습을 봐도 자신의 안전만을 생각했다.

'영혼의 고통'은 직접 경험하거나 다른 사람의 설명을 통해 알게 되는데, 이러한 고통에 대해 일부 사람들은 고급문화의 증표證票로 여긴다. 반대로 영혼의 고통을 전혀 믿지 않으며, 이를 언급할 때 신체적 고통의 경험을 떠올리는 사람들도 있다.

현대인들은 고통에 대한 일반적인 경험이 부족하고, 고통받는 모습을 목격한 적도 드물기에 더욱 고통을 싫어하고 부정적으로 여긴다. 실제로 요즘 사람들은 '고통'이란 생각조차 견디지 못하며, 그것을 사회적 문제로 만든다.

비관주의悲觀主義 철학의 출현은 '고통이 부족하다'라는 사실을 반증하는 것이다. 삶의 의미와 존재 가치에 대한 의문은, 이미 겪고 있는 작은 불편함이 크게 느껴지는 시기에 나타난다. 즉 사람들은 고통이 부족한 탓에 일반적인 불편함을 극단적인 고통으로 여기는 것이다.

이러한 비관주의와 과민성에 대한 해결책이 있다.

바로 '진짜 고통'을 경험하는 것.

결국 고통에 대한 해결책은 '고통 그 자체'다.

035

너그러움 속에 숨어있는 복수심

인간 내면의 감정이 복잡하게 얽히면, 때로는 예측 불가능한 행동을 유발한다. 온순한 성격이 갑자기 냉담해지거나, 우울해하다가 명랑해지는 사람들은 대부분 강한 내적內的 갈등과 충동을 지니고 있다.

이들은 만족감을 느끼다가 갑자기 혐오감을 느낄 정도로 감정의 전환이 빠르다. 이러한 극단적인 감정 변화는 한 사람에게는 냉담함으로, 다른 사람에게는 웃음으로, 또 다른 사람에게는 눈물이나 자기희생으로 나타날 수 있다.

특히 너그러운 사람들은 겉보기에 용서하고 칭찬하는 것처럼 보이지만, 실제로는 복수에 대한 욕구가 강하다. 이들은 복수에 가까워질수록 갑자기 혐오감을 느끼는데, 자신의 내면 심리와 복수 욕구가 갈등하고 있다는 방증이다.

이러한 행위는 마치 복수의 쾌감을 상상하는 것처럼 자신이 상대방에게 어떻게 대응할지를 계획하는 과정에서 나타난다. 이는 너그러움이 단순한 이타심이 아니라, 때로는 이기적인 욕구와 맞물려 있음을 보여준다. 즉 너그러움이 다른 형태의 이기심이라는 것은, 모순된 인간의 면모와 복잡성을 강조하는 것이다.

036

양심과 평판의 저울질

우리는 어느 순간에 깨닫는다.

우리 자신의 양심보다 다른 사람들이 우리에 대해 얼마나 많이 알고 있는지, 또는 그들이 알고 있다고 생각하는 그것이 우리의 행동과 결정에 큰 영향을 미친다는 사실을. 사람들은 자신의 양심에 반하는 행동을 할 때 느끼는 죄책감보다, 타인에게 나쁘게 보이는 것을 회피하는 경향이 더 강하다. 이는 우리에게 자신의 내면적 가치보다 사회적 평가와 외부적 명성이 더 중요하다는 것을 보여준다.

우리의 사회생활은 대부분 타인의 시선을 의식하며 살아가는 것으로 이루어져 있다. 이런 사회적 압력은 우리가 어떤 사람으로 기억되고 싶은지, 또 어떻게 평가받고 싶은지에 큰 영향을 미친다. 심지어 우리가 자신의 진정한 가치나 신념을 저버리고, 타인의 기대에 부응하기 위해 자신을 변형시키게 한다.

이러한 사회적 동기는 우리가 양심의 소리보다 타인의 의견을 우선시하는 행동을 하게 만든다. 예를 들어, 사회적으로 받아들여지는 행동을 선택함으로써 우리는 내면의 갈등을 겪을 수도 있지만, 사회적 불이익을 피하려는 강한 욕구 때문에 이를 감내한다. 이런 행동은 우리의 진정한 자아와 사회적 자아 사이의 균형을 찾으려는 노력의 일환이다.

결국, 우리는 사회적 기대와 개인의 양심 사이에서 계속 균형을 맞추려고 애쓰며 살아간다.

037

윤리적 딜레마

현대 사회로 접어들면서 사람들은 더는 악한 충동을 부정적인 것으로만 인식하지 않았다. 이러한 변화는 안전감安全感, 친근감 등 긍정적인 감정들이 활성화되도록 했다. 이런 분위기 속에서 우리는 마치 '선善의 왕국'에 들어선 듯한 느낌을 받는다.

하지만 어떤 상황이나 대상을 긍정적으로만 바라보는 시각은 선함의 범위를 넓게 한다. 이는 일반 대중에게 무한한 즐거움과 기쁨의 가능성을 열어주지만, 동시에 위대한 사상가들에게는 우울과 슬픔을 안겨주는 이중적 결과를 초래한다.

이것은 인간의 본성이나 감정에 의해 윤리적 딜레마에 빠지게 하며(가치와 원칙의 상충), 사회적 행동과 규범, 그리고 대중문화에도 영향을 준다.

038

외모에 대한 잘못된 인식

겉으로 보이는 '외모'는 본질과 반대되는 것이 아니라는 사실을 인식해야 한다. 실제로 외모는 그 자체로써 살아 있는 본질의 한 형태다. 간혹 외모를 단순히 표면적인 것으로 치부하지만, 외모는 개인의 정체성과 내면의 세계를 반영하는 중요한 부분이다.

사람에게 외모는 조롱의 대상이 되기도 하며, 어떤 사람은 본질보다 외모에 치중하는 것처럼 보인다. 그러나 외모도 자기 자신을 표현하는 방식이며, 자신의 감정, 생각, 문화적 배경 등 본질의 바탕을 드러내는 수단이다.

외모를 통해 우리는 자신을 세상에 어떻게 보여주고 싶은지, 어떤 사회적 메시지를 전달하고 싶은지를 결정한다. 따라서 외모는 단순히 겉모습이 아닌 그 사람의 삶과 경험, 그의 가치관을 반영한다. 외모는 그 사람의 표면적인 것에 그치는 것이 아니라, 저마다 갖고 있는 자신만의 이야기와 연결된 것이다.

이렇듯 외모와 본질은 서로를 반영하고 보완하는 관계이다. 즉 외모는 우리가 자신을 표현하고, 다른 사람과 소통하는데 필수적인 역할을 한다.

+039+

고통에 대한 소유욕

우리가 무엇을 하고 싶은 욕구가 불쑥 생기듯이, 수백만 젊은 유럽인들의 숨겨진 욕구를 자극하고, 그들의 일상에서 유혹하는 것이 무엇인지 생각하게 된다. 젊은이들은 일상의 권태에서 벗어나고자 고통을 찾는데, 이러한 고통은 그들이 뭔가를 행동하게 하는 동기이다.

정치가들은 고통의 상태를 과장해 젊은 세대가 맹목적으로 순응하기 쉬운 환경을 만든다. 이에 젊은이들은 행복보다 불행을 찾고, 그 불행을 상대로 싸울 '괴물'을 상상한다. 즉 그들은 자신들만의 '고통'을 창조하는데, 이 고통이 그들에게 행동력을 부여하고, 삶의 의미를 찾도록 하는 것이다.

이들의 창조는 점점 더 세련되어져서 그 만족감은 마치 아름다운 음악처럼 들린다. 수많은 젊은이가 세상에서 고통을 부르짖으며, 그 고통은 그들의 감정을 지배한다. 결국, 그들은 무엇을 해야 할지조차 모르는 상태에서 다른 사람의 불행을 자신의 삶에 그린다. 그들은 더 많은 사람을 찾아다니고, 그들의 삶에 영향을 미친다.

'나의 고통(행복)을 당신의 벽에 그린 것을 용서해 주길 바란다.'

이러한 모든 과정은, 우리가 어떻게 자신의 고통과 행복을 찾으며, 그것으로 어떻게 자신의 삶을 이해하고 다른 사람들과 소통하는지를 알려준다. 젊은이들은 간혹 자신의 감정에 휘둘리지만, 그 과정에서 자신만의 의미와 목적을 계속 찾아 나선다.

040

창조자로서의 우리

무엇을 어떻게 명명命名하는지가, 실제로 무엇인지보다 더 중요하다는 것을 인식하는 건 내게 큰 도전이었다. 이러한 도전은 앞으로도 계속될 것이다. 겉으로 보이는 외관外觀, 명성, 사물 등에 대한 중요성은, 처음 인상에 의한 오해나 임의적 판단에 기반하는데, 점차 시간이 흐르면 이러한 최초 인식이 그 사물의 본질처럼 여겨지게 된다. 즉 처음에 겉으로 본 외관이 그 사물의 본질로 받아들여지는 현상은, 우리의 인식에 강력한 영향을 미친다.

사물이 발생한 근원과 이에 따른 혼돈을 언급하는 것 자체가, 우리가 '현실'이라고 여기는 모든 것을 파괴할 수 있다는 사실에 대해 어쩌면 어리석은 생각이라고 느낄 수 있다. 하지만 이런 사실을 이해하는 것은 우리가 세계를 어떻게 인식하고 이해하는지에 대한 깊은 통찰을 제공한다. 즉 우리는 사물에 이름을 부여함으로써 그것을 정의定義하고,

그 정의는 시간이 흐름에 따라 그 사물의 본질로 인식된다. 이러한 과정을 통해 우리는 현실을 '창조'하며, 사물에 대한 우리의 최초 이해는 곧 그 사물의 '진실'이 되는 것이다.

우리는 '창조자'로서의 힘을 갖고 있으며, 파괴하는 것과 마찬가지로 새롭게 이름을 부여하고, 그에 의한 가치 평가와 가능성을 통해 새로운 '사물'을 만들어낼 수 있다. 이는 우리가 언어와 상징으로써 우리의 세계를 구축하고 해석하는 방식을 재고再考하게 만든다. 따라서 우리는 단순히 기존의 것을 해체하는 것이 아니라, 우리의 인식과 언어를 통해 새로운 현실을 끊임없이 창조해야 한다.

+041+

진정한 사랑에 대하여

진정한 사랑은 사랑하는 사람의 모든 면을 받아들이는 것을 의미한다. 상대방의 감정과 행동을 이해하고, 심지어 상대방의 열정이 과해 보일 때조차도 모든 것을 포용한다. 이는 사랑하는 사람의 장점만이 아닌 단점과 열정적인 면까지 포함하는 것이다.

진정한 사랑은 상대방을 부분적으로만 받아들이는 것이 아니라, 상대방의 전부를 수용하는 것을 뜻한다. 즉 단순히 상대방의 좋은 점만을 보고 사랑하는 것을 넘어선 전부, 즉 그의 인간성과 도덕적 기준을 이해하고 받아들이는 데서 비롯된다. 이러한 사랑은 상대방의 감정과 행동이 자신의 기대나 이상과 다를 때 진정한 힘을 발휘한다.

진정한 사랑은 상대방이 겪고 있는 어려움이나 문제, 그리고 상대방의 열정이 자신에게 부담될 수도 있는 상황에서도 그를 열렬히 지지하며, 진심으로 응원하는 것을 포함한다. 이는 상대방을 있는 그대로 받아들이고, 그의 삶의 일부가 되고자 하는 강력한 의지에서 나온다.

사랑하는 사람의 모든 것을 이해하고 받아들임으로써, 또 나의 전부를 사랑하는 사람에게 전해줌으로써 우리는 더 깊은 수준의 사랑을 경험할 수 있다.

042

예술가와 종교에 감사해야하는 이유

예술가들은 우리가 자기 자신을 깊이 이해할 수 있는 특별한 방법을 제공한다. 예를 들어 연극은 관객들이 직접 자신의 눈과 귀로써 '자신이 누구인지, 또 어떠한 경험으로 무엇을 추구하는지'를 보고 듣도록 만든다. 이를 통해 우리는 각자 자신의 모습이 담긴 영웅을 지켜보며 스스로 평가할 수 있다.

이렇듯 우리는 예술 덕분에 자신의 사소함을 넘어서 더 큰 가능성을 바라볼 수 있다. 만약 예술이 없었다면, 우리는 주변의 일상적인 것만 보고 들으며 살아갔을 것이다. 그리고 그 일상에 갇혀 현실에 안주하며 반복적인 삶을 살았을 것이다.

종교도 예술과 비슷한 역할을 했다. 종교는 우리에게 내재한 죄성罪性을 각성하게 하여, 각자 자신이 '불멸의 범죄자'임을 인식하도록 했다. 우리는 종교로 인해 인간이란 존재를 넓은 관점에서 전체적으로 볼 수 있게 되었다. 우리 각자가 자신의 삶과 행동에 대해 깊이 생각할 수 있는 여지를 준 것이다.

043

불완전함이 주는 매력

한 시인詩人의 이야기를 하겠다.

이 시인은 부족한 필력筆力에도 불구하고 명성을 얻었는데, 그가 자신의 불완전한 능력으로 완벽한 작품을 만들었다기보다는, 오히려 그 불완전함이 매력으로 작용하여 명성을 쌓은 것이다.

그의 작품은 자신이 꿈꾸는 일말의 비전Vision을 본 듯이 표현하지만, 사실 그는 비전을 제대로 본 적이 없다. 그래서 자신이 진정으로 표현하고자 했던 것이나, 보고자 했던 것을 제대로 담아내지 못했다.

하지만 비전을 향한 갈망과 절박한 심정은 그의 영혼에 깊이 남았으며, 이에 따라 그는 누구보다도 갈망과 열정을 표현하는데 뛰어난 능력을 발휘할 수 있었다. 이러한 그의 능력은 청중清衆에게 단순한 작품의 수준을 넘어서 더 높은 차원으로 이끌어 올린다.

마침내 시인은 청중에게 예언자로서 '날개'를 달아주어, 그들이 스스로 더 높은 곳으로 날아오를 수 있게끔 한다. 또한, 청중은 시인을 경외하며, 그가 최종 목표(비전)에 도달해 모든 것을 직접 보고 전달하는 것이라고 믿으면서 떠받든다.

044

작은 태도의 차이

사람마다 말言을 듣는 방식이 얼마나 다를 수 있는가는 놀라운 일이다. 똑같은 말이지만, 대부분의 사람은 그저 가볍게 여기거나 부끄럽게 생각할 수 있다. 그러나 예술가에게는 그 말이 깊게 다가와 진실을 탐구하게 한다.

예술가는 진실에 대한 강렬한 열망에 사로잡히며, 이를 통해 새로운 진리를 발견하고 경이로움을 느끼게 한다. 이러한 열정은 우리에게 자신의 지식 탐구가 얼마나 피상적皮相的이었는지를 깨닫게 한다.

결국, 우리가 중요하게 여기는 모든 것이 우리를 배신할 수 있다는 사실을 보여준다. 이는 우리의 진정한 동기와 방법에 대한 의구심을 불러일으키며, 과연 진정성이 있었는지 드러나는 순간이다.

045

감사를 배워라

우리는 감사를 표현하는 법을 배워야 한다. 이것은 멸시하는 법만큼이나 중요하다.

새로운 길을 걸으면서 많은 사람을 그 길로 인도한 선구자先驅者들은, 사람들이 감사 표현에 서툴다는 것과 감사를 표현할 기회조차 드물다는 사실에 놀라움을 금치 못한다. 그들은 감사를 표현할 때, 마치 목구멍에 뭔가가 걸린 듯 말을 잇지 못하거나, 그저 헛기침만 해댄다.

사상가들은 자기 생각이 다른 사람들에게 어떤 영향을 주는지, 또 무슨 변화를 일으키는지 관찰하고 추적할 때 흥미로움을 느낀다. 그들 중 사상가의 영향을 받은 이들은 자기 존재의 독립성이 위협받는다고 느끼면, 이를 부적절한 발언과 행동으로 표현한다.

감사를 표현하는 것이 사회적 예절로 인식되기까지는 여러 세대가 걸치며, 감사 표현에 대한 심오한 이해와 창의성이 요구되는 시기는 오랜 세월이 지난 후에야 찾아온다. 그때가 되면 '한 사람'이 큰 감사를 받게 되는데, 이는 그가 직접 한 선행뿐만 아니라, 그의 선조들이 오랜 시간에 걸쳐 쌓아 올린 선한 업적 덕분이다.

046

한 명의 예술가로서

우리에게 예술은 단순한 취미를 넘어서 우리 존재의 깊이를 더해주는 중요한 요소다. 만약 예술이 없다면, 우리가 경험하는 세계의 많은 부분이 결여돼 우리 존재의 본질을 이해하기 힘들 것이다.

우리는 예술을 통해 끊임없이 불완전함을 인식하고, 이를 넘어서는 상상력을 발휘할 수 있게 된다. 즉 무대 위에서 자신을 찾아내어 영웅으로 바라봄으로써 자신의 본모습을 자랑스럽게 드러낼 수 있다.

이렇듯 예술은 우리가 자신과 세계를 바라보는 방식을 혁신적으로 변화시키는 힘을 제공한다. 우리는 자신의 부족함을 기꺼이 인정함으로써 진정한 발전을 이룰 수 있다. 예술은 우리가 더 큰 이해와 연민을 갖고 서로를 대할 수 있게 도와주며, 우리의 정신을 확장시켜서 지금의 자신을 넘어서게 만든다.

그러므로 우리는 모든 사람이 예술을 통해 자기 내면을 탐색하고, 각자가 지닌 고유한 창의력을 발견하게 하는 문화적 환경을 조성해야 한다. 이것은 우리가 모두 깊은 인간적 연결을 경험하고, 풍요롭고 만족스러운 삶을 살 수 있게 할 것이다.

047

우주의 본성에 대한 이해

세계를 생명체로 여기는 것은 우리에게 위험할 수 있다. 우리는 우주가 어떻게 확장되고, 무엇으로 살아가며, 어떻게 성장하는지 안다고 생각한다. 하지만 이는 우리가 우주를 너무 단순화해서 바라보고 있을 수 있다는 뜻이다. 마찬가지로 우주를 특정 목적을 위해 설계된 기계처럼 생각하고 정의하는 것도 큰 오해이다.

사실 우주는 무질서와 혼돈의 연속이다. 그런데도 우리가 우주의 질서, 구조, 형태 등을 찾아내려는 시도는 자연스러운 인간의 본능에 불과하다. 이는 우주 전반에 걸쳐 일반적으로 존재하는 것이 아니라, 우리 인간의 인식 방식에서 비롯된다. 우주를 관찰할 때 우리는 자주 불운한 조합을 보는데, 이것은 어떤 심오한 목적이 아닌 우연의 결과이다.

그러므로 우리는 인간의 인식을 바탕으로, 우주에 대한

해석을 너무 단정하지 말아야 한다. 우주는 완벽하거나 아름답거나 고귀해지려는 시도를 하지 않는다. 인간의 도덕이나 미적 판단에 영향받지도 않는다. 우주는 자연 그대로의 상태를 유지할 뿐이다. 이런 사실을 통해 우리는 자연을 탈신화화脫神話化하고, 새롭게 발견된 형태로 자연(우주)을 받아들여야 한다.

048

보이는 것 이상의 의미

우리는 새로운 그림을 그린다. 이 그림은 우리의 과거 경험을 바탕으로, 즉시 이해할 수 있는 모습으로 완성된다. 이러한 과정에서 우리의 정직성과 정의에 대한 욕구가 큰 역할을 한다. 사실 우리의 삶에서 마주하는 모든 사건은 도덕적 차원을 지니는데, 이는 우리의 감각 인식도 예외가 아니다.

우리가 경험하는 모든 것은 겉으로 보이는 것 이상의 깊은 의미를 지닌다. 또한, 이러한 경험은 우리가 세계관을 형성할 때의 행동과 반응을 결정한다. 이 과정을 통해 우리는 '자신이 누구인지', '무엇을 중요하게 여기는지'를 명확히 이해하게 된다.

우리의 감각은 단순히 외부 세계를 반영하는 것이 아니라, 우리 내부의 도덕적 판단과 결합하여 새로운 의미를 형성한다. 이는 우리가 세계를 경험하는 방식에 깊은 영향을 미치며, 각 사건은 우리의 내면적 가치와 연결되어 우리의 세계관을 새롭게 조명한다.

+ 049 +

오류 속에서 발견하는 인간의 본성

인간의 본성을 이해하는 데 있어 '오류'를 통한 배움은 탁월하다. 인간은 스스로 불완전함을 인식하기에 자신에게 부여된 특성과 자연과의 관계 속에서 자리를 재정립한다. 그런데 새로운 가치 체계를 창출하면서 이를 절대적인 것으로 받아들이는 경향이 있다. 이러한 과정에서 인간은 시대와 상황에 따라 우선시되는 다양한 충동과 상태를 경험한다.

이는 우리가 인간성人間性이라고 부르는 개념에 깊은 영향을 미친다. 인간은 오류를 통해 자기 본성과 가치를 깊이 이해하게 된다. 또한, 이것은 우리가 자신은 물론 주변 세계와 어떻게 상호작용을 할지를 결정짓는 중요한 요소가 된다. 인간은 이러한 오류를 통해 자신의 진정한 가치를 발견하고, 자기 삶을 더 풍부하게 만드는 여정을 이어 나간다.

050

도덕, 내면에 자리 잡은 집단 본능

도덕은 인간 행동에 대한 평가와 순위를 매기는 데 중요한 역할을 한다. 이런 평가는 우리가 속한 사회나 집단의 필요성을 반영하는데, 어떤 행동이 얼마나 유익한지가 한 개인의 가치를 결정하는 중요한 기준이 된다. 서로 다른 사회적 조건은 각각의 도덕 체계를 낳으며, 이는 공동체와 국가의 미래 변화에 따라 계속 진화하게 된다.

도덕은 개인이 집단의 일원으로 기능하도록 하는 본능을 형성한다. 이 본능은 집단의 지속적인 생존과 번영을 위해 개인의 행동을 조정하게 하는데, 개인은 자신의 가치를 그 기능에 따라 정의하게 된다. 이처럼 도덕적 가치와 규범은 시대와 공간에 따라 변화하며, 이는 곧 집단의 생존 전략이 변화하고 적응하는 과정을 반영한다.

도덕의 본성과 역할을 이해하는 것은, 우리가 집단 내

에서 어떻게 행동해야 하는지를 이해하고, 더 나은 사회적 상호작용을 위한 지침을 제공한다. 또한, 도덕은 우리 내부의 나침반으로써 우리가 어떻게 적절히 행동해야 할지를 안내한다.

✦051✦

자비와 착취

생물체의 세포細胞가 강하게 진화하는 것이 미덕으로 여겨지듯, 강자가 약자를 동화同化시키는 행위도 본능적 필요에 의한 것이다. 이 과정은 생물학적 재생과 성장을 도모하는 자연스러운 행위이며, 풍부한 보상을 제공하는 목적을 가진다. 이는 강자에게는 탐욕과 기쁨을, 약자에게는 복종의 욕구를 불러일으킨다.

그러나 이러한 상황에서 강자와 약자 모두 자비의 감정을 느낄 수 있다. 이때 '착취 본능'과 '복종 본능'을 분명히 구분하는 것이 필요하다. 강자는 자신의 존재와 행동을 정당화하며 확장하려는 본능적 욕구를 갖는다. 반면 약자는 자신을 필요로 하는 이에게 자기 존재를 제공하는 역할을 받아들인다.

이러한 강자와 약자의 상호작용은 복잡한 감정과 동기

의 결합을 반영하며, 각각의 위치에서 연민과 착취의 선을 구분하는 것이 모호할 수 있다. 즉 '강함'과 '약함'은 처한 상황과 관점에 따라 다르게 해석될 수 있다. 따라서 이런 개념은 서로 상대적이라는 것을 인식해야 한다. 왜냐하면, 상대성은 사회적인 상호작용뿐만 아니라, 개인적인 경험에도 깊이 영향을 미치는 요소이기 때문이다.

+052+

우리는 자신을 위해 살 수 있는 세계를 마련했다

우리의 생활은 원인과 결과, 운동과 정지, 형태와 내용 등 기본적인 개념에 의존하여 행해진다. 이런 기본적인 개념은 우리가 세상을 이해하고 살아가는 데 필수적인 전제로 작용한다. 하지만 이러한 개념들은 아직 완전히 입증되지 않았음에도 불구하고, 우리는 이를 바탕으로 생활하고 있다.

우리가 경험하는 세계와 그것을 이해하는 방식은, 수많은 가정과 미입증된 믿음에 기반한다. 이러한 믿음은 우리가 세상을 바라보고, 의사결정을 내리는 데 중요한 역할을 한다. 또한, 그것이 불완전할 수 있음을 인식하는 것은 우리의 지식을 확장하고, 더 깊은 통찰을 얻는 데 중요하다.

예로 '생명'은 그 자체로 논쟁의 여지가 있는 주제이며, '오류'는 생명의 조건 중 하나로 볼 수 있다. 이러한 인식은 우리가 인식의 한계와 생명의 복잡성을 이해하는 데 도움을 준다. 생명과 오류를 연결 짓는 이러한 관점은, 우리가 자신이 살아가는 세계와 그 속에 포함된 자기 자신을 바라보는 방식에 중대한 영향을 미친다.

✦053✦

무한의 지평선에서 우리는 육지를 떠나 배에 올랐다

우리는 지금까지 살아온 안전한 육지를 떠나 위험하면서 매혹적인 바다로 삶의 터전을 옮겼다. 우리가 탄 작은 배는 광대한 바다와 마주하고 있다. 잔잔한 바다는 부드러워 보이지만, 바다의 무한함과 포효하는 듯한 거친 모습 앞에서 우리는 겸손해질 수밖에 없다.

무한한 바다를 마주하는 순간에 우리는 자유로움을 느끼지만, 사실 그 순간이 얼마나 위험할 수 있는지를 곧 깨닫게 된다. 자유롭게 하늘을 날다가 갑작스레 장벽에 부딪히는 가련한 새처럼, 우리도 자유의 대가를 치를 수 있다.

육지의 향수鄕愁, 과거로 돌아가고 싶은 마음이 우리를 괴롭힐 수 있다. 하지만 이제 우리에게 육지는 없으며, 오로지 무한한 바다에서 새로운 삶을 꾸려야 한다. 새로운 자유와 무한한 가능성의 바다에서 항해를 시작한 우리는, 미지未知의 미래로 나아가는 용기와 결단을 시험받게 된다.

우리의 항해는 단순한 이동이 아니라, 자아自我 발견과 내면의 성찰로 이어진다.

054

신비주의적 설명의 현혹

'신비주의적 설명'은 그 신비로움 때문에 사람들을 매혹하지만, 진정한 이해나 지식의 깊이에 도달하지 못한다. 언뜻 복잡한 현상이나 문제에 대해 간단하고 매혹적인 답을 주는 듯 보이지만, 그 실상實狀은 피상적이며 불충분하다.

실제로 신비주의적 설명은 중요한 세부 사항이나 근본적인 문제를 간과하고, 복잡한 내용을 단순화시켜 진정한 이해를 방해한다. 그런데도 사람들이 신비주의적 설명을 선호하는 이유는, 그것이 제공하는 간결함과 명료함 때문이다.

그러나 이러한 접근 방식은 잘못된 것이며, 문제를 해결하거나 현상을 깊이 이해하기에 부적절하다. 따라서 우리는 신비주의적 설명의 매력에 현혹되지 말고, 보다 심층적이고 합리적인 접근 방식을 추구해야 한다.

✦055✦

선함이 지닌 잔인함

기독교 역사 속 성인聖人들의 사례처럼, 선善을 추구하는 사람들도 간혹 잔인한 방식을 사용한다는 것을 알 수 있다. 이들은 스스로 선함을 추구하는 동시에 자기혐오와 싸워야 했고, 그 과정에서 선이 지닌 잔인함을 경험했다.

이렇듯 선을 추구하다 보면 자기희생과 내적 갈등의 극단으로 내몰릴 수 있으며, 이는 인생을 견디기 어렵게 만든다.

056

삶의 본질

당신은 자신이 경험하는 삶의 본질을 이해하지 못한다.

예를 들어 당신이 술에 취해 비틀거리다가 계단에서 넘어졌다고 하자. 그런데 취한 상태가 오히려 당신을 보호해 심각한 부상을 방지한다. 술에 취한 당신의 근육은 이완되었고, 혼란스러운 정신 덕분에 계단의 돌들이 단단하게 느껴지지 않는다.

반면 우리는 훨씬 더 큰 위험에 직면해 있다. 마치 유리琉璃(Glass)와 같은 우리 존재는 무언가에 부딪히면 쉽게 깨지며, 자칫 넘어지면 순식간에 모든 것을 잃을 수 있다.

057

가장 영향력 있는 사람

한 개인이 시대정신時代精神에 맞서 도전하여 그 흐름을 멈추게 하고, 전체에게 책임을 요구하는 행위는 사회적으로 큰 파장을 일으킨다.

이러한 행위는 그 사람이 영향을 끼치려는 의도가 있었는지 아닌지와 관계없다. 중요한 것은 그가 그렇게 행동할 수 있는 능력과 의지가 있다는 사실이다.

058

불편한 성향

무언가를 깊게 보는 성향은 때로 불편한 상황을 초래한다. 이런 성향의 사람들은 세세한 부분까지 주목하여 원래 찾으려던 것 이상의 것들을 발견하게 만든다.

물론 이러한 과정에서 불편함을 느낄 수 있지만, 동시에 예상하지 못한 통찰洞察이나 깊은 이해를 얻을 기회가 많아진다.

059

모든 덕목은 그 시기가 있다

지금 시대는 정직正直을 최우선으로 삼아 철저히 지키는 사람일수록 죄책감을 얻는 일이 많다. 과거에는 사회적으로 정직이 중요시되었지만, 지금은 다른 덕목과 가치가 우선하기 때문이다.

불굴不屈의 정직함은 혼란스러움 속에서도 자신의 원칙을 고수하게 하는 대신에 주변과 마찰을 일으킬 수 있다. 정직한 사람들은 시대적 변화 속에서 자신의 가치관과 현대 사회의 기대 사이에서 갈등을 겪는다.

060

상황에 따른 인간성의 다양한 모습

선善한 성품을 지닌 사람도 때로는 무례한 행동이나 아첨하는 태도를 보인다. 이는 선한 성품이 반드시 고결함만을 의미하는 게 아니라, 처한 상황에 따라 다양한 적응 방식과 처세까지 포함하기 때문이다.

그렇기에 훌륭한 성품을 지닌 사람조차도 상황에 따라 무례하거나 아첨하는 모습을 보일 수 있다. 이것은 개인의 본성보다는 그 순간의 필요성에 의해 결정되는 행동이다. 이처럼 인간의 복잡한 감정과 다양한 모습은, 때로 전혀 예상하지 못한 모습으로 나타난다.

061

과거의 그림자, 미래의 거울

도망친 신부나 자유를 얻은 범죄자는 끊임없이 얼굴을 찌푸린다. 그들이 바라는 것은 과거를 지우고 새로운 표정을 짓는 것이다.

하지만 그들의 얼굴에는 여전히 과거의 흔적이 남아 있어서 미래를 예측하는 사람들에게 많은 것을 알려 준다.

062

이기주의에 대한 시각적 차이

이기주의는 자신의 내면에 잠재한 감정을 바라볼 때 발현된다. 자신에게 가까이 있는 것은 중요하게 느껴지지만, 멀리 있을수록 그 중요성은 떨어진다.

이는 인간이 자기와 가까운 사람이나 사건에 더 많은 관심을 기울이고, 그 외의 것들은 상대적으로 덜 중요하게 여기는 경향이 있기 때문이다.

이러한 관점은 우리의 판단을 편협하게 만들며, 다양한 시각과 사고思考를 통해 얻을 수 있는 이득을 간과하게 할 수 있다.

063

실패를 두려워하지 않게 만드는 것

성공의 진정한 가치는 실패에 대한 두려움을 없애준다는 것이다.

성공한 사람은 자신감에 가득 차 이렇게 생각한다. '나도 한 번쯤 패배해도 괜찮지 않을까?' 이제 그는 패배를 감당할 만큼 스스로 여유가 있다고 느낀다.

이렇듯 성공은 그에게 용기를 불어넣어 더 큰 도전에 나서게 하며, 더는 실패를 두려워하지 않게 만든다. 그 결과, 그는 더 큰 성공을 향해 나아갈 수 있다.

064

어둠 속의 휴식

수많은 사람이 어두운 공간에서 휴식을 취한다. 잠이 필요한 이들은 일부러 방을 어둡게 하거나 동굴처럼 조용한 곳을 찾는다.

이러한 모습은 자신이 정말로 원하는 것이 무엇인지 모르는 사람들에게, 무엇이 필요한지를 귀띔하는 행위와 같다.

때로는 외부의 소란을 차단하고, 자신만의 평화로운 공간을 만드는 것이 '진정한 휴식'을 얻는 방법이다.

065

변화를 통한 기쁨

오랫동안 완전히 포기했던 것을 우연히 다시 만난 사람은, 마치 새로운 것을 발견한 듯한 느낌을 받는다. 이러한 '발견의 기쁨'은 이루 말할 수 없을 것이다.

우리에겐 항상 같은 상황에 머물러 있지 않고, 변화를 추구하며 새로운 것들을 발견하고 경험하는 지혜가 필요하다.

항상 같은 장소에서, 같은 햇살 아래에 오래도록 머무는 뱀보다 더 현명해져야 한다.

066

항상 우리 자신의 동행 속에

위대한 자연과 역사는 시공간을 초월해 나와 소통한다. 이들은 내가 앞으로 나아가도록 나를 칭찬하고 위로해 준다. 다른 것들은 내 귀에 들리지 않거나 들었어도 금방 잊혀진다.

결국, 우리는 어디에서든 항상 우리 자신과 함께 있는 것이다.

067

인류 혐오와 인류애

우리는 더는 사람들을 감당할 수 없고, 그들 때문에 지쳤을 때 사람들을 혐오한다고 말한다. 이러한 인류 혐오는 인류애人類愛에 지나친 열정을 쏟아부은 결과다.

그러나 누가 우리에게 마치 석화石花를 삼키듯이, 많은 사람을 받아들이라고 했는가? 누구도 그렇게 지시하지 않았다.

우리는 자기 자신을 지키기 위해, 때로는 사람들과 거리를 둘 필요가 있다.

068

적을 통한 나의 발전

적 앞에서 보이는 용기는 실제와 별개이다. 즉 그러한 용기를 갖춘 사람임에도 여전히 겁쟁이거나 결단력이 부족할 수 있다. 나폴레옹Napoleon I은 '가장 용감한 남자'로 알려진 뮈라Joachim Murat에 대해 이렇게 평가한 바 있다.

이를 통해 우리는 사람들이 자신의 덕목이나 본성, 성격 등을 드러내고자 일부러 적을 필요로 한다는 사실을 알 수 있다. 왜냐하면, 적이 있어야 자신의 장점을 발휘할 기회가 생기기 때문이다.

Friedrich

Nietzsche

CHAPTER 3

깨달음으로의 고통스러운 여정

진정한 영웅이란 무엇인가?
자신의 깊은 고통과 드높은 희망을
동시에 마주하는 사람이다.

069

명성

많은 이들이 어느 한 사람에게
자신의 부끄러움을 드러냈을 때,
그 사람의 명성이 생겨난다.

070

깊이 있는 자, 깊이 있어 보이려고 하는 자

깊이를 이해하는 사람은 명확함을 추구한다. 반면 많은 이들에게 깊이 있어 보이려고 하는 사람은 모호함을 선택한다.

대부분의 사람들은 자신이 바닥을 볼 수 없는 모든 곳을 깊다고 여긴다. 이는 그들이 실제로 '그곳'에 들어가는 것을 두려워하기 때문이다.

071

의견의 자유라는 허상

의회주의議會主義는 공개적으로 다양한 정치적 견해를 밝히고, 이를 선택하는 자유를 제공하는 듯하지만, 실상은 많은 계층의 지지를 얻기 위해 각 계층이 서로 독립적인 것처럼 보이려고 한다. 이들 계층은 자신들의 의견을 적극적으로 옹호하는 것을 좋아한다.

그러나 사실 '하나의 의견이 지배하는 것'이나 '다섯 의견이 허용되는 것'은 별다른 차이가 없다. 다섯 의견을 벗어나 자신만의 행보行步를 보이는 사람은 집단으로부터 반대를 받는다.

이는 사회에 속한 우리가 독립적으로 사고하는 것이 얼마나 어려운지를 보여준다.

072

북소리

지금까지 가장 설득력 있는 웅변雄辯은 북소리였다. 왕들이 자신의 명령에 따라 이 북소리를 사용할 수 있는 한, 그들은 항상 최고의 연설가이자 대중의 지도자로 남을 것이다.

073

감정의 그림자

'생각'은 감정의 그림자이다. 항상 우리와 함께 있으나 감정보다 어둡고, 텅 비어있으며, 더 단순하다. 이는 우리의 감정이 복잡하고 다채롭게 느껴질 수 있지만, 생각은 이런 감정을 단순화시켜 반영한다는 의미이다.

생각은 감정을 따라가더라도 그 감정의 전체적인 깊이나 섬세한 차이를 완전히 담아내지는 못한다.

074

리더와 추종자

두 사람 사이에도 항상 한 사람은 따르고, 다른 한 사람은 앞장서서 이끈다. 사실 이끄는 사람보다 따르는 사람이 덕德과 지성에서 우월하다고 할 수 있다. 물론 이는 일반적인 것일 뿐, 특정 집단이나 개인을 위한 것이 아니다.

한 사람은 이끌고, 나머지 사람들은 따른다는 사실은, 우리에게 주어진 규칙에 따라 행동해야 한다는 것을 상기시킨다. 어떤 상황에서도 누군가는 항상 이끌고, 누군가는 따르는 역할을 맡게 된다는 것은 사회적 질서가 반영된 것이다. 이런 상황은 개인의 자유와 집단의 규범 사이에서 긴장감을 발생시킨다.

075

나의 성향

내 주변에 허수아비를 두느니 차라리 그냥 털리는 편이 낫다. 그것이 내 성향이다. 나는 어떤 상황에서도 형식이나 겉치레보다 진실한 상황을 선호한다.

076

자발적 가난

그는 가난하다.

모든 것을 빼앗겨서가 아닌 스스로 버렸기에 가난해졌다. 그는 이런 상황에 개의치 않으며, 오히려 새로운 것을 찾는 데 익숙하다. 그의 자발적 가난은 때로 가난한 사람들의 오해를 받는다. 이들은 그의 상황이 어려워져 가난한 것으로 생각지만, 실제로는 그의 의도적인 선택이다.

그는 물질적 소유를 버림으로써 자유를 얻었고, 새로운 시작을 추구한다.

✦ 077 ✦

매력적인 사색가

그는 사색가다.

그가 세상을 보는 방식은 다른 사람들과 다르다. 그는 복잡하고 어려운 사물도 단순하게 받아들이는 능력이 있다. 이러한 능력은 평범한 일상에서 깊은 의미를 간결하게 찾도록 도와준다.

그의 사색은 세상을 더 명확하고 이해하기 쉬운 곳으로 만들어낸다.

078

칭찬에 반대하며

대부분 자신과 비슷한 수준의 사람들에게 칭찬을 받는다. 그들은 칭찬할 때 이렇게 말한다.

"너는 나와 비슷한 수준이다."

079

허위 논리의 함정을 조심하라

어떤 주장을 옹호擁護할 때 '허위 논리'를 의도적으로 사용하는 것은, 그 주장을 가장 교활하게 해치는 방법이다. 이런 방식은 주장의 신뢰성을 떨어뜨려 사람들이 그 주장을 무시하게 만든다.

이렇듯 허위 논리는 대화나 논쟁에서 상대방의 의견을 약화하기 위해 사용하는 전략으로, 상대방이 감지하기 어려울 정도로 미묘하게 진행된다.

080
친절한 사람들의 특성

친절한 사람들은 다른 이들과 무엇이 다를까? 그들의 얼굴에는 자연스럽게 친절이 빛난다. 그들은 새로운 사람을 만나도 편하게 느끼면서 그 사람의 마음을 빠르게 빼앗는다. 그들은 새로 만난 사람을 잘 대하고 싶어 한다.

그들의 첫 번째 생각은 '그 사람이 마음에 든다'로, 새로 만난 사람의 마음을 소유하고 싶은 욕구를 느낀다. 이 욕구는 그 사람의 가치를 깊이 고민하지 않은 상태에서, 그들과의 관계를 빠르게 발전시키는 행동으로 이어진다.

081

솔직한 사람의 숨겨진 동기

솔직한 사람은 항상 숨겨진 동기로 행동한다. 왜냐하면, 그는 자신이 말할 수 있는 동기를 항상 준비하고 있으며, 대부분 이를 명확하게 드러낸다. 이런 사람은 자신의 진정한 의도는 감추지만, 타인에게는 명백한 이유를 제시함으로써 신뢰를 얻으려고 한다.

하지만 그의 행동 뒤에 있는 숨겨진 동기는 간혹 그가 보여주는 명백한 이유와 다를 수 있다. 이는 인간성의 복잡한 면모를 보여주는 것이다.

082

모르는 것에 대해 더 많이 배워라

우리는 자신이 답을 알고 있는 질문에만 귀를 기울인다. 이는 자신의 지식과 이해 범위 내에서 편안함을 느끼고, 이미 알려진 것에 대한 확신만을 찾기 때문이다.

이런 행위는 자신의 학습과 성장을 제한하여 지식 습득과 새로운 도전에 대한 두려움을 반영한다. 진정한 성장을 바란다면, 모르는 것을 더 많이 배우려는 태도가 필요하다.

083

비밀 공유의 매력과 위험성

우리는 남들과 비밀 이야기를 공유하는 것을 좋아한다. 이는 우리에게 알려지지 않은 정보가 신비롭고 호기심을 자극하기 때문이다.

비밀 공유는 서로의 유대감紐帶感을 강화하고, 공동체 내에서 신뢰감을 높이는 수단이 될 수 있지만, 때로 예상치 못한 결과를 초래한다.

그러므로 비밀이 공개되는 순간의 충격과 파장을 고려해 항상 주의해야 한다.

084

거만함이 가져오는 결과

거만한 사람은 자신을 돕는 사람들에게조차 화를 내곤 한다. 심지어 자신의 마차를 끄는 말들을 화난 눈빛으로 쳐다보기도 한다. 이러한 태도는 자신에게 도움을 주는 이들과 묵묵히 지원하는 이들에 대한 감사함이 없음을 보여준다.

결국, 거만함은 주변 사람들에게 소외와 갈등을 일으킬 뿐만 아니라, 거만한 자기 자신에게도 부정적인 결과를 가져온다.

✦ 085 ✦

웃음에 대하여

웃음은 장난을 좋아하는 마음에서 비롯되지만, 우리의 양심이 허용하는 한에서만 가능하다. 아무리 웃음을 통해 즐거움을 찾는다고 해도, 도덕적 가치와 양심에 반하지 않을 때만 진정한 기쁨을 느낄 수 있다.

086

박수 속에서

박수에는 항상 어떤 종류의 소음이 동반된다.

자기 자신을 칭찬할 때조차도 마찬가지다.

087

부정적 생각의 침입

그는 대체로 별다른 생각 없이 지낸다. 하지만 특별한 상황에 놓이면 부정적인 생각들이 스며든다. 이런 상황이 자주 있지는 않은데, 주로 스트레스와 압박감 때문에 발생한다. 이런 부정적인 생각들은 그의 일상적인 정서와는 달리 감정의 균형을 깨트려서 불안하게 한다.

그런데 다른 한편으로 부정적인 생각은 자신의 감정을 더 깊게 탐색하게 만들어 자기 이해를 높이는 계기가 될 수도 있다.

088

거지와 예의

일반적으로 문박의 종을 울리는 것이 불가능한 상황에서 문을 돌로 두드리는 행동은 예의에 어긋난다고 여겨진다. 그러나 거지나 가난한 이들은 이것을 필요에 따른 행동으로 여기면서 자신들의 행위를 정당화한다. 그들은 다른 선택의 여지가 없다고 느꼈기 때문이다.

하지만 사회 다수의 시각은 전혀 다르다. 대부분의 사람들은 이러한 행동을 부적절하다고 생각한다. 이로 인해 부유한 사람과 가난한 사람들 사이의 간극間隙은 더욱 벌어진다.

089

시기심 많은 사람

그는 매우 시기심이 많은 사람이다. 그래서 자녀를 갖는 것은 좋지 않다고 생각한다. 그의 시기심은 자신이 이제는 어린아이가 아니라는 사실에서 비롯되는데 아마 자신의 어린 자녀마저 부러워하게 될 것이다.

그가 어린 자녀들의 순수함과 자유로움을 본다면, 이제는 느낄 수 없는 어린 시절의 감정들에 대해 시기할 것이다.

090

위대한 사람

어떤 사람을 '위대한 사람'으로 칭한다고 해서 실제로 그가 모든 사람의 기준에 부합한다고 볼 수는 없다. 이러한 칭호稱號가 주어진 사람은 단지 어린아이일 수도 있고, 나이에 상관없이 상황에 따라 변화하는 카멜레온Chameleon처럼 행동할 수도 있다.

또는 마법에 걸린 소녀처럼 순수하고 이상적인 모습을 보일 수도 있다. 이들은 모두 자신의 방식으로 사회적 기대나 가치를 반영하는데, 때로는 우리가 기대하는 전형적인 '위대함'과는 거리가 멀 수 있다.

091

비밀스러운 적

비밀스러운 적을 가질 수 있다는 것은, 가장 고결한 사람들조차도 어려운 여유를 가질 수 있는 사치이다.

092
미덕이 아닌 믿음으로

미덕 자체보다 미덕에 대한 믿음이 사람을 행복하게 만든다. 이는 강한 믿음을 가진 이들에게는 행복과 축복이 오지만, 믿음에 회의적인 이들에게는 아무 조짐兆朕도 없음을 보여준다.

이것은 '믿음이 구원한다'라는 말을 다시 한번 확인시켜 준다. 미덕이 아닌 믿음이 사람을 구원하는 힘을 가지고 있다.

093

이상과 현실

높은 이상을 추구하는 것은 숭고한 일이지만, 그 이상을 현실화할 준비가 되어 있지 않으면, 그것은 오히려 이상을 모독하는 행위가 될 수 있다. 우리는 고귀한 이상에 걸맞은 자질을 갖추고 있는지를 스스로 물어봐야 한다.

즉 이상을 세우기 전에 자신이 과연 그 이상을 달성할 수 있는지 현실적으로 냉정하게 평가해야 한다.

094

목소리의 위험

목소리가 큰 사람은 섬세하고 미묘한 문제를 성찰하기가 어렵다. 큰 목소리는 강력해 보일 수 있지만, 때로는 그것이 심도 깊은 사고를 방해할 수 있음을 이해해야 한다. 목소리의 크기가 항상 통찰력의 깊이를 의미하는 것은 아니다.

095

원인과 결과

우리는 가끔 결과를 알고 나서야 그 원인을 올바로 이해할 수 있다. 하지만 결과 이전과 이후의 원인에 대한 인식은 서로 다르며, 이는 우리가 사건을 해석하는 방식에 지대한 영향을 끼친다.

096
반감

강한 반응을 보이는 사람들은 때때로 주변 사람들에게 위험을 초래할 수 있다. 이런 사람들은 자신의 강렬한 행동으로 인해 주변 사람들이 불편함을 겪거나, 심지어는 심각한 손해를 볼 수 있기에 주의가 필요하다. 이렇듯 폭발적인 성격은 협력과 조화를 저해할 수 있다.

097

형벌의 목적

일반적으로 형벌은 범죄자를 개선하기 위한 수단으로 여겨진다. 이는 형벌을 정당화하려는 이들이 흔히 내세우는 근거이다. 그러나 형벌이 실제로 개인의 개선에 기여하는가에 대한 논의는 여전히 진행 중이다.

098

희생

희생에 대한 정의는 보는 관점에 따라 크게 다르다. 희생자는 자신의 견해를 자유롭게 표현할 기회를 거의 얻지 못하면서도 이해 당사자利害當事者의 무시로 인해 소외감을 느낀다.

099

불신하는 이들과 그들의 방식

주변 사람들이 우리의 힘을 믿을 때, 우리는 가장 강한 메시지도 단순하고 명확하게 전달하는 법을 배운다. 이런 환경에서는 '단순한 방식'이 자연스럽게 습득된다. 반대로 불신하는 사람들은 늘 강하게 말하려 들며, 사물을 과장하여 표현하는 경향이 있다.

100
중재자에 반대하며

두 명의 사상가가 논쟁 중일 때 이를 중재仲裁하는 사람은 간혹 그들의 탁월함을 인지하지 못하고 평범함으로 치부해 버린다. 이런 중재자는 비교와 평등화를 통해 모든 것을 단순화시킨다. 이는 인식력認識力이 낮아서 발생하는 일이다.

101

완고함과 충성

어떤 사람은 명백한 논란을 불러일으키는 원인에 집착하면서 이를 '충성'이라고 자처한다. 논리와 이성을 무시하면서 자기감정만 고집하는 완고함은, 결국에 자신을 해치는 결과를 초래한다.

102

공개성의 역효과

어떤 사람이 자신의 언행言行이나 성격 때문에 설득력을 잃었다면, 그 원인 중 하나로 자신의 선행善行을 지나치게 말하는 탓일 수 있다. 과잉된 표현은 부정적인 결과를 만들어낸다.

103

현재의 행동

현재의 행동은 과거의 큰 사건만큼 중요하며, 미래의 모든 사건에 영향을 미친다는 인식은 매우 중요하다. 이런 관점에서 볼 때, 모든 행동은 그 크기에 상관없이 중요하다.

104
음악가의 위안

당신의 삶이 다른 사람들의 귀에 들리지 않을 수 있다. 그들에게는 당신이 조용히 살아가고 있는 것처럼 보일 수 있다. 하지만 당신 삶의 세련된 선율과 선도先導가 그들에게는 숨겨져서 들리지도, 보이지도 않는다. 당신이 대규모 행진에 참여하지 않는다고 해서 당신의 삶에 음악이 부족하다는 말을 그들이 할 권리는 없다. 오직 들을 준비가 된 사람만이 진정으로 들을 수 있는 것이다.

105

성격과 정신의 불일치

많은 사람이 자신의 성격이 가진 가능성을 모두 발휘하지만, 그들의 정신은 그만큼 성숙하지 못하다. 반대로 일부 사람들은 그들의 성격보다 정신이 더 발전했기에 불일치가 생긴다.

106

대중을 움직이는 법

대중을 움직이고자 하는 사람은 자신을 무대 위의 배우처럼 표현해야 한다. 자신의 성격과 의도를 명확하고 단순화된 방식으로 전달함으로써 대중이 쉽게 이해할 수 있도록 해야 한다.

107

겁쟁이의 예의

그에게 사람들은 '정말 예의 바르다'라고 말한다. 하지만 그의 예의는 모든 사람을 위험한 존재로 여기고, 항상 방어하는 태도에서 비롯되었다. 실제로 그의 예의는 겁쟁이의 자세에서 나온 것이다.

108

부러움 없는 탐험가

그는 전혀 부러운 것이 없다. 왜냐하면, 아직 아무도 소유하지 못한 미개척 지역을 정복하려는 야망이 있어서다. 그에게 있어 무관심은 장점이라기보다는 자신의 목표에 초점을 맞춘 결과이다.

109

우울한 사람

가정에 우울한 사람이 한 명만 있어도 끊임없이 불쾌함과 어두운 분위기가 만들어진다. 사실 그런 사람이 가정에 없는 것은 거의 기적에 가깝다. 왜냐하면, 행복은 그렇게 쉽게 전파되는 감정이 아니기 때문이다.

110

바닷가의 집

나는 집을 짓고 싶지 않다. 그러나 만약 짓게 된다면, 고대 로마인들처럼 바다 가까이에 짓고 싶다. 나는 그 아름다운 바다와 더 많은 비밀을 공유하고 싶다.

111

각자의 소유권 존중

제아무리 수많은 지식을 추구한다고 해도 자신의 것이 아닌 것을 소유할 수는 없다. 다른 사람의 소유물은 항상 그들에게 남아 있다. 사람이 어떻게 도둑이나 강도가 될 수 있겠는가.

112

'좋음'과 '나쁨'의 인지

오직 '이것은 좋지 않다'라고 느끼는 사람만이 자신의 삶을 개선할 수 있다.

113

생각과 말

우리는 모두 자기 생각조차 완전히 말로 표현할 수 없다.

114

습관의 두 얼굴

습관은 우리의 손놀림을 더 능숙하게 만들지만, 반대로 우리의 사고를 덜 민첩하게 만든다. 습관이 익숙함을 제공하는 만큼 창의적인 사고를 방해할 수 있다는 점을 기억해야 한다.

115

책의 진정한 가치

책이 우리를 새로운 지평地平으로 이끌지 않는다면, 그 책이 과연 어떤 가치를 갖고 있는가? 책의 진정한 가치는 우리에게 새로운 생각을 자극하고, 지식을 확장하며, 기존의 생각에 도전하는 것에 있다. 책은 단순히 정보를 전달하는 것이 아니라, 세상을 보는 우리의 관점을 변화시켜야 한다.

116

오해와 고통 속의 위대함

위대한 인물들은 우리가 상상한 것과는 다른 방식으로 고통을 경험한다. 그들은 자신의 위대함에 대한 의심처럼 사소한 순간의 천박한 감정에 큰 고통을 겪는다. 반대로 그들이 감내해야 하는 희생이나 순교 같은 큰일에는 고통을 느끼지 않는다.

신화 속 프로메테우스Prometheus는 인간을 위해 자신을 희생할 때는 자부심과 행복을 느꼈지만, 인간이 제우스에게 보내는 경의敬意에 질투를 느낄 때는 고통을 겪었다.

117

당황함을 느끼지 않는 삶

항상 바쁘게 일하는 사람은 어떠한 당황스러운 상황도 벗어날 수 있다.

118

정복자의 자세

그 어떤 정복자도 우연을 믿지 않는다.

119

낙원에서

모든 것이 완벽한 낙원에서 뱀이 말했다.

"선(善)과 악(惡)의 구분은 신의 편견이다."

120

독창성의 본질

독창성이란 모두가 보고 느낄 수 있는 것임에도 아직 명명命名되지 않은 것을 뜻한다. 사람들은 대개 사물을 인식하는 첫 번째 수단으로 명칭名稱을 생각한다. 독창적인 사람들은 대부분 사물에 처음으로 명칭을 붙인 사람들이었다.

121

결함

우리는 누군가를 사랑할 때 자신의 결함이 숨겨지기를 바란다. 이는 허영심 때문이 아니라, 자신이 사랑하는 사람이 그로 인해 고통받지 않게 하기 위해서다. 서로 사랑하는 관계에 있는 사람은 자신이 완벽하게 보이길 원하지만, 이 또한 허영심 때문이 아니다.

122

행동의 결과

우리가 하는 모든 일은

절대로 이해받지 못한다.

오직 칭찬받거나 비난받을 뿐이다.

123

높은 이상

높은 이상을 가진 사람은

자신의 판단과 실행만을 믿는다.

그것을 이루기 위해서라면

정의正義조차 무시한다.

124

영웅

진정한 영웅이란 무엇인가?

자신의 깊은 고통과 드높은 희망을

동시에 마주하는 사람이다.

125

가장 큰 위험

가장 큰 위험은 어디에 있는가?

바로 남을 동정하는 마음에 있다.

126

진실로 사랑하는 것

다른 사람들에게서 무엇을 사랑하는가?

나의 희망이 투영된 무언가를 사랑한다.

127

나쁜 사람

누구를 가장 나쁘다고 해야 하는가?

항상 타인을 부끄럽게 하려는 사람이다.

128

인간의 필요

가장 인간적이라고 생각하는 것은 무엇인가?

타인에게 수치심을 덜 느끼게 해주는 것이다.

+ 129 +

자유의 증표

자유를 얻었다는 증표는 무엇인가?

더 이상 자신을 부끄러워하지 않는 것이다.

Friedrich

Nietzsche

CHAPTER 4

우리, 이해받지 못하는 자들의 삶

어쩌면 인간은 더 이상 신에게
자신의 삶을 맡기지 않고 주도적으로 행동할 때,
더 높이 올라갈 수 있을지 모른다.

130

죽음에 대한 생각

거리의 혼란 속에서 '다양한 목소리'를 들으며 살아간다는 것은 내게 우울한 행복을 느끼게 한다. 이 거리에 얼마나 많은 즐거움, 조급함, 욕망이 드러나는가. 얼마나 많은 목마름과 흥분이 나타나는가. 이토록 소란하고, 생기가 넘치며, 삶을 사랑하는 사람들이 곧 조용해질 것인가. 모두의 그림자, 각자의 우울한 동반자가 그 뒤에 서 있다.

혼란한 거리는 이민선移民船이 출발하기 직전의 마지막 순간과 같다. 그 어느 때보다 사람들은 서로에게 할 말이 많지만, 시간이 촉박하다. 소음 뒤에는 외로운 침묵으로 기다리는 바다가 탐욕스럽게 자신의 먹잇감을 확신하며 기다리고 있다. 모두가 과거는 아무것도 아니었다고, 사소한 일이었다고, 이제는 미래가 전부라고 말한다. 이러한 서두름과 고함 속에는 자신을 넘어서려는 시도가 담겨 있다.

모두가 미래에는 가장 앞서고자 한다. 그렇지만 죽음과 그 고요함만이 가장 확실하고, 모두에게 공통적인 유일한 것이다. 이토록 확실하고 모두에게 공통적인 유일한 것이 사람들에게 아무 영향을 미치지 않으며, 자신은 죽음으로부터 멀리 떨어져 있다고 믿는 것이 얼마나 이상한가. 죽음을 전혀 생각하지 않는 사람들을 지켜보면서 나는 행복을 느낀다.

나는 이러한 사람들이 삶에 대해 주의를 기울여야 할 만큼 가치 있는 것으로 생각하도록 만들고 싶다. 심지어 백 배나 더.

131

별들의 우정

우리는 친구였지만, 지금은 서로에게 낯선 사이가 되었다. 하지만 이것도 필요한 일이며, 이러한 사실을 숨긴다거나 애매하게 만들고 싶지 않다. 마치 부끄러운 일처럼 우리는 이를 처리하지 않는다.

우리는 각자의 목표와 항로를 가진 두 척의 배와 같다. 어쩌면 다시 만날 수도 있고, 이전처럼 함께 축제를 즐길 수도 있다. 그때 우리는 같은 항구에서, 같은 햇살 아래 평화롭게 누워 있으면서 같은 목적지에 도착한 것처럼 느낄 것이다.

그러나 우리를 인도하는 운명은, 우리를 서로 다른 바다와 공간으로 이끌었기에 다시는 만나지 못할 수 있다. 또는 만나더라도 서로 알아보지 못할 수도 있다. 다른 환경과 경험이 우리를 변화시켰기 때문이다.

분명 서로에게 낯선 사람이 되어야 했던 것은 우리가 따라야 할 운명의 법칙이다. 이 법칙 덕분에 우리는 서로가 더욱 소중하고 신성하게 느껴지며, 과거 우정에 대한 추억을 더욱 귀중하게 여긴다.

지금은 각자의 목표와 다른 길에 놓여 있지만, 우리의 인생 여정에서 바라볼 수 있는 거대한 '별의 궤도'가 있을 것이다. 이런 생각으로 우리 자신을 위로하자. 물론 우리의 삶은 너무 짧고, 우리의 인식 범위는 고차원적 가능성을 이해하기에는 한계가 있다.

그러므로 우리는 '별들의 우정'을 간직하기를 바란다. 설령 우리가 지상에서는 서로의 적이 되어야 할지라도.

132

끝을 찾는 방법을 아는 것

첫 번째 등급의 대가들은 모든 것을 완벽하게 결말짓는 방법을 안다. 그들은 멜로디가 마무리되는 순간이나 생각의 마침표, 비극의 마지막 장면, 심지어 국가 사건의 종결까지도 완벽하게 다룰 수 있다.

반면 두 번째 등급의 대가들은 끝을 내는 데 있어 불안함을 느끼며 완벽한 마무리는 매우 드물다. 마치 포르토피노Portofino의 산에서 시작된 멜로디가 제노바Genova만을 거쳐 바다로 이어지듯, 조용하지만 당당하게 마무리된다.

133
하늘을 향하여

그대는 하늘을 향해 기도하지 않을 것이며, 숭배하지도 않을 것이다. 무한한 신뢰 속에서도, 궁극적인 지혜나 힘 앞에서도 생각을 멈추지 않을 것이며, 어떠한 고독 속에서도 홀로 설 것이다. 그대는 눈 덮인 산을 바라보며 불타는 심장으로 살지 않는다. 누구도 그대에게 보상하거나 끝을 맺어주지 않을 것이다. 그대가 하는 일에는 이치理致가 없고, 미래에는 사랑이 없을 것이다. 전쟁과 평화가 반복될 것이며, 지친 마음이 휴식을 얻지 못할 것이다.

포기해야 할 때 포기할 힘조차 가진 사람이 없다. 하루는 물러나기를 거부한 호수가 있었고, 지금까지 물이 빠져나간 곳에 둑을 쌓았다. 그때부터 이 호수는 점점 더 높아져 갔다. 아마도 포기 자체가 포기를 견딜 힘을 우리에게 제공할지도 모른다. 어쩌면 인간은 더 이상 신에게 자신의 삶을 맡기지 않고 주도적으로 행동할 때, 더 높이 올라갈 수 있을지 모른다.

134

한탄

희망이 있다 하더라도 그대의 영혼에서 빛과 불꽃, 그리고 새벽을 직접 경험하지 못한다면, 그 희망을 어떻게 이해하겠는가? 그대에게 제안할 수는 있지만, 더 이상의 것은 할 수 없다.

"나에게 돌을 움직이게 하거나, 동물을 인간으로 변하도록 요구할 것인가?"

"아니."

만약 그대가 아직 돌이고 동물이라면, 먼저 그대의 영감부터 찾아야 한다.

135

고귀한 기분들

대부분의 사람은 고귀한 감정을 지속할 수 없다고 생각한다. 이들은 한 시간을 넘기기 어렵다고 느끼며, 그 이상 지속하는 높은 감정 상태를 경험한 사람은 드물다. 하지만 상상해 보라. 언젠가는 우리가 모두 한 가지 고귀한 감정으로 완전히 살아갈 수 있는 날이 올지도 모른다. 물론 그런 사람이 되는 것은 지금까지 꿈이나 매혹적인 가능성에 불과했으며, 역사적으로 신뢰할 만한 사례도 없다.

그러나 미래에는 그런 사람을 만들 수 있는 조건이 모여 생겨날 수 있을 것이다. 어쩌면 지금 우리가 가끔 경험하는 특별하고 예외적인 상태가 미래 사람들의 일상이 될 수 있다. 끊임없이 고저高低를 오르내리며, 계단을 오르는 듯하면서도 구름 위에 머무르는 듯한 지속적인 상태를 경험하는 것이다.

136

배에 탑승하라

어떤 사람의 삶과 사고방식에 대한 철학적 정당화가 개인에게 어떤 영향을 미치는지 고려해 보자. 이것은 그를 독립적으로 만들고, 자급자족하며, 풍요롭게 하고, 행복을 나눌 수 있게 해준다. 이러한 철학은 악을 선으로 바꾸며, 개인의 성장을 계속 도우면서 우려와 불만을 줄이게 한다.

결국, 우리는 '새로운 태양'들이 많이 생기기를 바란다. 악한 사람, 불행한 사람, 예외적인 사람 모두에게는 그들만의 철학과 권리를 줘야 한다. 동정이 아닌 새로운 정의와 해결책, 그리고 철학이 필요하다. 도덕적인 세계도 다양해져야 하며, 그 반대편에도 존재할 권리가 있어야 한다. 새로운 세계를 발견하자. 그리고 그 여정에 함께하자.

137

자신만의 스타일 구축

자신의 성격에 스타일을 부여하는 것은 특별하고 드문 예술이다. 자신의 강점과 약점을 자세히 조사하고, 모든 것을 예술적으로 재구성하며, 심지어 약점조차도 매력적으로 보이게 만드는 사람이 있다. 이 과정은 큰 노력과 일련의 작업을 요구하며, 불가피한 결점은 숨기거나 숭고한 것으로 재해석된다. 많은 부분이 불확실하게 남아 있기에 '먼 곳'과 '미지'의 암시를 준다.

138

불만

어떤 사람들은 자신의 주변 세계를 자유롭고 독창적으로 형성하고 해석하는 데 관심이 많다. 이러한 사람들은 야생적이고 자발적이며, 때로는 혼란스럽고 놀라운 방식으로 행동한다. 그들은 이런 행동 방식에서 큰 만족감을 얻기 때문에 이 방식을 선호한다.

중요한 것은 우리가 스스로 만족하는 것이다. 이는 다양한 방법으로 달성될 수 있다. 우리는 스스로 만족할 때만 자신의 존재를 견딜 만한 것으로 인식한다. 반면 자기 자신에게 불만족스러운 사람은 자신의 불만을 타인에게 투영할 준비가 되어 있으며, 이에 따라 주변 사람들은 그의 부정적인 영향을 받게 된다.

자기 자신에 대한 불만이 있는 사람은, 스스로를 비열하고 우울하게 만들 수 있다.

139

짧은 습관의 가치

나는 짧은 습관을 사랑한다. 짧은 습관을 통해 다양한 경험과 지식을 얻는 것은 절대로 쓸모없는 일이 아니다. 나의 본성은 이러한 습관에 맞춰져 있으며, 신체의 건강도 짧은 습관으로 관리한다. 내 생각에 짧은 습관은 모든 일의 근간이다.

짧은 습관은 언제나 나를 완벽하게 만족시킨다. 이러한 짧은 습관은 내 열정을 지속시킬 것이라는 믿음을 갖게 만든다. 나는 스스로 발견하고 깨달은 모든 것에 만족하며, 더는 다른 것을 갈망하지 않는다. 나는 다른 것과 비교하여 경멸하거나 혐오할 필요가 없다.

하지만 짧은 습관은 그 시간만큼 이별이 정해져 있다. 나와 짧은 습관은 평화롭게 이별을 맞이하며, 서로에게 감사하는 느낌으로 작별을 건넨다. 그러고 나면 이미 새로운 습관이 나를 기다리고 있다. 나는 이 새로운 습관도 올바른 것이 될 것이라 믿는다.

반면에 나는 영구적인 습관을 싫어한다. 이것은 마치 폭군이 이웃으로 들어온 것 같은 느낌이다. 영구적인 습관으로 인해 사건이 자라날 것 같은 형태를 취할 때, 내 생명의 숨결이 멎는 듯하다. 하지만 나의 불완전함(불행, 질병) 덕분에 나는 영구적인 습관으로부터 탈출할 수 있는 수많은 방법을 알고 있다.

실제로 나는 즉흥적으로 행동하거나 습관 없이 살아가야 하는 삶에서 고통을 느낀다. 이것이 나에게는 시베리아 유배流配나 마찬가지다.

140

한숨

어느 날, 길을 걷다가 아이디어Idea를 떠올렸다. 나는 급하게 흔하고 초라한 말言로 단단히 묶어놓았다. 이제 그 아이디어는 말 속에 갇혀 생기를 잃었으며, 힘없이 매달린 채 펄럭이고 있다. 처음에 아이디어를 떠올렸을 때 얼마나 기쁘고 행복했는지를 이제는 알 수가 없다.

141

삶을 예술로 만드는 법

'평범한 것을 어떻게 매력적으로 만들 수 있을까?'

본래 그것은 매력적이지 않다고 가정해 보자. 의사에게 배울 방법이 있다. 그들이 처방을 희석하거나 설탕과 포도주를 혼합하는 것처럼 말이다. 하지만 예술가에게 배워야 할 점이 훨씬 더 많다. 그들은 계속해서 창의적인 발명을 수행하기 때문이다.

예술가는 다양한 방식으로 새로운 매력을 창조한다. 물건을 덜 보이게 하거나, 다른 방식으로 보게 하거나, 일부만 보이게 하거나, 색안경을 통해 보거나, 빛의 변화 속에서 보거나 등과 같은 모든 방법을 예술가에게 배우고, 나아가 그들보다 더 현명해져야 한다.

142

더 창조적인 존재

사람은 성장하면서 자신을 둘러싼 세계를 더 많이 보고, 더 깊이 생각하게 된다. 이러한 성찰省察은 사람을 동물과 구별 짓고, 탁월한 존재로 만든다. 세상은 이런 사람에게 수많은 도전과 기회를 계속 선사한다. 이보다 더 탁월한 사람은 더 큰 기쁨과 고통을 경험하며 살아간다.

하지만 이런 사람은 가끔 자신을 삶의 관객이라고 착각한다. 자신을 창조적이지 않은 사색가로 여기며 자신이 무대 위의 배우보다 더 창조적인 존재임을 인지하지 못한다. 실제로 그는 자기 생각과 감정을 통해 계속해서 새로운 가치와 세계를 창조하고 있다.

현재 모든 것이 큰 가치가 있는 이유는 자연 그대로가 아니라, 우리가 부여한 가치 때문이다. 이 사실을 잊지 않고 우리의 창조적인 힘을 제대로 인식한다면, 우리는 훨씬 더 자부심과 행복을 느낄 수 있을 것이다.

143

고통을 견디며 얻을 수 있는 것

우리는 섬세한 감각과 탁월한 취향을 갖고 삶을 이해해야 한다. 지적知的으로 충실한 경험을 하며, 대담하고 모험적인 영혼으로 축복받아 조용한 눈길과 굳건한 걸음으로 삶을 걸어가야 한다. 최악의 상황도 축제처럼 맞이하고, 새로운 세계와 바다, 인간과 신에 대한 갈망으로 가득 찬 삶을 살아야 한다.

마치 아름다운 음악에 귀 기울이듯, 모든 경험에서 진정한 기쁨과 슬픔을 느낄 수 있다면, 그것이 바로 호머Homer가 말한 행복이 아닐까? 고대 그리스인들이 자신들의 신을 창조했듯이, 우리도 자신의 신을 창조할 수 있다. 하지만 이러한 행복을 가진 사람은 누구보다 쉽게 고통을 느낄 수 있다는 사실을 잊지 말자.

이러한 고통을 견디며 얻을 수 있는 것은 인생에서 가장 귀중한 경험일 것이다.

144

행동함으로써 우리는 하지 않음을 남긴다

'포기하지 말라, 자신을 극복하라.'

나는 이렇게 명령하는 도덕 체계를 거부한다. 차라리 나를 활기차게 하여 아침부터 저녁까지, 심지어 밤에도 꿈꾸게 하는 긍정적인 도덕 체계가 더 매력적이다. 나는 이런 방식으로만 내 일에 몰두하고 최선을 다해 수행할 수 있다.

이렇게 살아가면, 자연스레 내 삶에 맞지 않는 것들은 제거된다. 나는 증오나 반감 없이 내 삶에서 필요 없는 것들이 저절로 떨어져 나가는 것을 봤다. 때로는 그것들이 제거되는 것조차 인지하지 못할 만큼 목표에 집중하고 있다.

"우리의 행동이 우리가 하지 않는 것을 결정한다. 우리가 하는 일에 집중하면서, 우리는 하지 않는 것을 자연스럽게 제거한다."

이런 생각이 나를 기쁘게 하며 내 삶의 방식이다. 나는 불필요한 부정이나 포기를 통해 빈곤貧困을 추구하지 않으며, 부정적인 덕을 선호하지 않는다.

145

자기 통제의 약점

'자신을 스스로 통제하라'라는 도덕 교사들의 가르침은 약점으로 이어진다. 이는 모든 자연적 충동에 과민하게 반응하며, 마치 가려움증처럼 불편함을 준다. 이런 사람은 어떠한 유혹이나 도전이 내부든 외부든 나타날 때마다 자신의 통제력이 위협받는 듯 느낀다.

이들은 자신의 본능에 흐름을 맡기지 못하고, 항상 경계하면서 자신을 지키는 요새의 감시자처럼 행동한다. 이런 방식으로 위대해질 수는 있겠지만, 다른 사람들은 물론 자기 자신에게도 견디기 어려운 존재가 된다.

결국, 이들은 자신의 삶에서 아름다운 우연들이 사라지고, 추가적인 배움에서도 멀어지게 된다. 자신을 발전시키고 새로운 것을 배우고 싶다면, 때로는 자신을 잃을 줄 알아야 한다.

146

고통을 반려동물처럼 길들이기

고통을 친구로 여겨 '개'라는 이름을 붙였다. 이 개는 다른 개들처럼 충직하고, 뻔뻔하며, 유쾌하고, 지혜롭다. 나는 이 개를 마음대로 조종할 수 있다. 사람들이 자신의 개나 하인, 또는 배우자에게 화를 내듯이 나도 이 개에게 나의 나쁜 기분을 푼다.

147

사자와 독수리

나의 힘과 약점을 끊임없이 파악할 수 있도록 내 주변에 사자와 독수리를 두고 싶다. 지금 나는 그들을 내려다보고 있을까? 아니면 그들이 나를 올려다보며 두려워할 날이 다시 올까? 이런 생각은 나의 강인함과 불안함 사이의 경계를 끊임없이 상기시킨다.

148

마지막 순간

폭풍은 나에게 위험을 불러일으킨다. 크롬웰Oliver Cromwell이 자신의 폭풍 속에서 결국 멸망한 것처럼, 나도 내 폭풍 속에서 멸망할 수 있을까? 아니면 바람에 의해 불이 꺼지듯 스스로 지쳐 꺼질 것인가? 또는 마지막 순간에 내가 직접 불을 꺼서 멸망을 막을 수 있을까?

149

고통 속의 지혜

고통은 쾌락만큼이나 지혜가 많다. 만약 그렇지 않았다면, 고통은 오래전에 사라졌을 것이다. 고통은 생존의 중요한 수단 중 하나로써 우리에게 중요한 경고 신호를 보낸다. 이를 통해 우리는 에너지를 줄이고, 위험을 대비해야 할 때를 안다. 마치 바다에서 항해할 때처럼 폭풍이 몰아칠 때는 돛을 걷는 것이 생존에 필수다.

그런데 어떤 사람들은 고통 속에서 강해진다. 폭풍이 치는 와중에도 그들은 자랑스럽고, 호전적이며, 행복해 보인다. 고통은 이들에게 최고의 순간을 제공한다. 이들은 '고통 주는 자들'로, 드물고 희귀 한 사람들이며, 자기만족과 편안함에 도전하는 강력한 역량을 지녔다. 그들은 우리 종의 보존과 진보에 꼭 필요한 존재들이다.

150

충돌 없이 높은 곳을 향해

이제는 사람을 비난하고, 벌을 주며, 개선하려는 시도를 중단하자. 사실 우리는 다른 사람을 변화시킬 수 없으며, 설령 변화를 이끌었다고 해도 우리가 바라는 방향일지는 알 수 없다. 때로는 우리 자신이 그들에 의해 변할 수도 있다.

우리는 오히려 서로를 압도하거나 초월하기보다는 자신의 영향력을 키워야 한다. 직접적인 충돌 대신에 우리의 모범을 통해 더 밝고 뚜렷한 영향을 끼칠 수 있도록 하자. 다른 사람을 가리기 위해 우리의 빛을 밝히자.

우리는 자신을 어둡게 만들거나 다른 이를 처벌하여 불평하는 것을 원치 않는다. 이 길을 피하고 대신 다른 방향을 바라보자.

151

존재의 혼돈을 탐구하다

별들의 순환 궤도를 따르는 사상가를 심오한 사상가라고 할 수는 없다. 자신을 우주의 일부로 여기거나 은하수를 품은 존재로 바라보는 사람들은 모든 은하수의 불규칙성을 이해한다. 이런 사람들은 존재의 혼돈과 미로 속으로 우리를 안내한다.

152

위대한 승리자

운명은 한때 우리를 적의 편에서 싸우게 함으로써 우리에게 가장 큰 차별을 준다. 이로써 우리는 위대한 승리가 예정된 자들이다.

153

인생의 한가운데에서

인생은 나를 속인 적이 없다. 오히려 해마다 인생은 더 풍부하고, 더 바람직하며, 더 신비로운 것임을 발견한다. 이는 '위대한 해방자'가 나의 구속을 깨뜨리고, 내 인생을 '사상가의 실험장'으로 바꾼 그날부터 시작됐다. 이제 나에게 인생은 의무나 운명, 속임수가 아니다.

다른 이들에게는 지식이 편안한 침대나 오락일 수 있겠지만, 나에게는 위험과 승리의 세계이다. 이 세계에서는 영웅적인 감정마저 그들의 전장이 되고, 춤추는 무대가 된다. 나는 '지식으로서의 인생'이라는 원칙을 품고, 용감하고 즐겁게 살면서 웃을 수 있다.

실제로 전쟁과 승리의 진정한 의미를 이해한 사람만이 진정으로 잘 살고 크게 웃을 수 있다.

154

위대함에 속하는 것

위대한 업적을 달성할 수 있는 사람은 자신 안에 위대한 고통을 겪을 힘과 굳센 의지를 지녔다. 이들에게 단순히 고통을 견디는 능력은 보잘것없다. 정말로 위대한 것은, 큰 고통을 자아내어 그 고통의 비명 속에서도 내면의 고통과 의심에 굴복하지 않고 살아남는 것이다. 이것이 진정으로 위대한 행위이자 위대함의 속성이다.

155

진지하게 생각하기

대부분의 사람에게 '진지한 생각'은 삐걱거리는 기계와 같아서 쉽게 작동하지 않는다. 사람들은 심각하게 생각할 때만 이 기계를 사용한다고 여기며, 그럴 때마다 좋은 생각에 부담이 받는다.

인간은 진지하게 생각할 때마다 기분이 나빠지는 듯하다. 너무 진지해지면 '웃음과 즐거움이 있는 곳에는 생각이 별로 필요 없다'라고 여긴다. 이러한 진지함으로 얼마나 많은 '즐거운 지혜'를 놓치는가. 이제 그 편견을 이제 깨뜨리자.

156
박수 소리

사상가들은 스스로 만족하면 다른 이들의 인정이나 호응은 필요 없다고 여길 수 있다. 하지만 대부분은 다른 이들의 지지 없이는 존재하기 어렵다. 과연 아무런 칭찬이나 인정 없이 혼자만의 평가로 만족할 수 있는 사람이 있을까. 그럴 가능성은 매우 낮다.

타키투스Tacitus조차 지혜로운 이들에게 명성에 대한 갈망은 마지막까지 사라지지 않는다고 언급했다. 이는 가장 현명한 사람들 역시 그들의 명성에 대한 욕구를 완전히 버리지 못한다는 것을 의미한다.

157

음악과 사랑

음악 감상법은 먼저 듣는 법부터 배워야 한다는 것에서 시작된다. 먼저 뚜렷한 주제와 선율을 정확히 듣고 구별하는 능력을 키워야 한다. 그다음 음악의 독특한 생명력을 인식하고, 이를 존중하면서 처음엔 낯설어도 인내심을 갖고 받아들여야 한다. 시간이 지나면서 음악이 점점 익숙해지기 시작하고, 나중엔 없으면 그리워할 정도로 기대하게 된다. 결국, 음악은 우리를 사로잡는 연인으로 느껴질 만큼 매력적으로 다가와서 우리를 겸손하고 황홀하게 만든다.

이러한 과정은 음악뿐만 아니라 우리가 사랑하는 모든 것에 같게 적용된다. 결국, 낯선 것에 대한 우리의 인내와 선의善意는 보상받는다. 우리가 맞이하는 새로운 것은 점차 그 베일을 벗고, 한 번도 본 적 없는 아름다움으로 우리 앞에 나타나 감사의 마음을 표현한다. 사랑하는 법도 마찬가지로 배워야 한다. 다른 방법은 없다.

158

신의 죽음과 새로운 시작

'신은 죽었다.'

이 선언의 그림자는 이미 유럽 전체에 드리워지고 있다. 많은 사람이 중요한 믿음, 심오한 신뢰가 무너진 것처럼 느낀다. 이에 따라 우리의 오래된 세계는 점점 더 어두워지고 낯설어지며, 모든 것이 불안정해 보인다.

이 선언의 진정한 의미와 크기는 대부분의 사람이 이해할 수 있는 범위를 초월한다. 이에 따른 변화는 많은 것을 뒤바꿀 것이며, 많은 것이 의지했던 바로 그 믿음에 균열을 일으킬 것이다.

이제 유럽은 거대한 변화의 징후를 맞이하고 있다. 어떻게 이토록 엄청난 사건을 받아들일 것인가? 이러한 시대의 변화는 우리에게 새로운 기회를 제공할 것인가? 아니면 더 큰 혼란을 가져올 것인가?

이러한 역사적인 순간에 우리는 미래를 예측하고 준비하는 새로운 철학자가 필요하다. '옛 신이 죽었다'라는 소식은 우리에게 새로운 자유를 약속하며, 새로운 탐험을 가능하게 한다. 이제 우리는 새로운 지평을 향해 나아갈 수 있으며, 모든 위험을 다시 직면할 준비가 되어 있다.

'바다가 다시 열렸다. 우리의 항해는 계속될 것이다.'

159

도덕 없이는 우리가 거의 버틸 수 없는 이유

일반적으로 벌거벗은 사람은 수치심을 느낀다. 여기서 나는 특히 유럽 남성들을 언급하는 것이며 여성들은 제외한다. 상상해 보자. 즐거운 모임에서 갑자기 모두의 옷이 사라진다면, 원래의 즐거움은 사라지고 강한 식욕마저 사라질 것이다. 우리 유럽인들은 옷이라는 '가면'이 없이는 존재할 수 없는 것 같다.

그렇다면 '도덕적인 사람'으로서의 변장, 도덕 규범과 체면을 유지하려는 우리의 행위, 친절하게 숨기려는 우리의 모든 행동, 의무, 미덕, 공동체 의식, 명예, 이타심 등을 가리는 행위에 대해 어떻게 생각해야 할까? 이것은 우리 내부의 악함이나 저질스러움, 즉 우리 내부의 야생성野生性을 숨기려는 의도는 아니다. 오히려 나는 우리가 길들여진 동물처럼 수치스러운 모습을 보인다고 생각한다. 즉 우리는 '도덕적인 변장'이 필요하다.

유럽인의 '내면의 사람'은 자신을 아름답게 보여줄 만큼 본질적으로 악하지 않다. 유럽인은 병든, 약하고 불완전한 존재로 변했다. 그래서 도덕적으로 자신을 치장하는 것이다. 우리는 포식자의 사나움을 숨긴다기보다는, 우리의 지나친 평범함과 깊은 불안, 지루함 때문에 도덕적 변장이 필요하다. 도덕은 유럽인에게 옷을 입힌다. 우리가 이를 인정할 때, 우리는 더 우아하고, 중요하며, 신성한 모습으로 보일 것이다.

160
은폐된 지혜

'가장 위험하고 앙심을 품은 옹호자들은 어디에 있을까?'

이들은 지성을 즐길 능력은 부족하고, 문화를 겨우 알아차릴 정도로만 이해하는 사람들이다. 이들은 권태감倦怠感과 자기혐오 속에서 살아간다. 유산 덕분에 '노동의 축복'이라는 허울 좋은 위안에 속아 넘어가며, 자신의 존재를 부끄러워하고, 나쁜 습관을 숨긴다.

더 나아가 자신에게 맞지 않는 높은 지식을 찾아 자신을 타락시키며 허영과 짜증을 키운다. 이런 사람에게는 지성이 독이 되고, 문화도 독이 되며, 심지어 고독조차 독이 된다. 결국에는 복수를 품은 상태로 살게 된다.

'이들에게 지성이 어떻게 도덕적인 변명이 되었을까?'

그들은 항상 도덕적인 말들을 사용해야 한다고 생각한다. 정의, 지혜, 성스러움, 미덕 등 '큰 말'들이 필요하다. 게

다가 자신이 가진 것을 숨기기 위해 금욕적인 행동이 필요하다.

하지만 이런 사람 중에 일부는 인류의 본보기가 되기도 한다. 그들은 때때로 성인이나 현자로 존경받으며, 도덕적인 기적을 일으키는 주역이 된다. 이러한 강렬한 악덕이 간혹 덕의 근원이 되고, 심지어 덕 자체가 되기도 한다.

+161+

예술 작품에서 우선 구분해야 할 것

문학, 미술, 음악, 건축, 조형 등 모든 예술은 혼자서 하거나 관객이 있는 것으로 나뉜다. 이 중에는 신에 대한 믿음이 드러나는 기도처럼 고독한 예술도 포함한다. 경건한 사람에게 고독은 존재하지 않는 것처럼 보이기 때문이다. 모순되게도 이런 것을 믿지 않는 사람들이 이러한 발상을 처음으로 해냈다.

예술가의 시각만큼 더 중요한 구분은 없다. 예술가는 자신의 작품을 관객으로서 바라보는지, 아니면 모든 혼자서 하는 예술처럼 세상을 잊고 몰입하는지에 따라 나뉜다. 여기서 혼자 하는 예술은 '잊음'에 기반하는데, 그 잊음 자체가 음악이 된다.

162

우리, 이해받지 못하는 이들

우리가 서로 불평해 본 적이 있는가? 오해와 오평誤評, 온갖 억측, 타인과 혼동되는 것들에 대해서. 안타깝지만 그것이 우리의 운명이다. 이러한 상황은 오랜 시간 동안 계속될 것이다(1901년까지라도). 이것 역시 우리의 특징 중 하나이다. 만약 우리가 이를 다르게 바라본다면, 우리 자신을 존중하지 않는 것이다.

사람들이 우리를 다른 사람들과 혼동하는 이유는 우리가 계속 성장하고 변화하기 때문이다. 우리는 오래된 껍질을 벗어던지고, 매해 봄마다 새로운 자아를 드러낸다. 우리는 항상 젊어지고, 성장하며, 강해진다. 미래를 바라보는 사람들로서 우리는 끊임없이 우리의 뿌리를 깊고 강하게 내리며, 동시에 하늘을 향해 더욱 넓고 사랑스럽게 펼쳐지는 모습으로 성장한다.

우리의 힘은 줄기, 가지, 뿌리로부터 쏟아져 나온다. 그래서 이제는 개별적으로 행동하거나 독립적으로 존재할 자유가 없다. 이것이 우리의 운명이며, 앞에서 언급했듯이 우리는 '높이'에서만 성장을 이룬다. 우리는 번개와 가까이 살게 되었으며, 비록 그것이 우리에게 재앙이 될 수도 있지만, 그런데도 우리는 이를 존중하지 않을 수 없다. 이것은 우리가 다른 이들과 공유하고 싶지 않은 것이다. '고도高度의 운명'이 바로 우리의 운명이다.

163

우리의 새로운 무한함에 대해

존재에 관련한 질문은 매우 복잡하다. 존재의 관점에서 본 특성은 얼마나 멀리까지 이어지는지, 또는 전혀 다른 성격을 가지는지. '의미'라는 설명 없이 존재하는 것이 정말 '무의미'인지. 모든 존재가 본질적으로 설명할 수 없는 것인지 등의 질문들은 아무리 근면하고 양심적인 지성으로 분석해도 결정할 수 없다.

인간의 지성은 자신을 관점의 형태로만 볼 수 있다. 우리는 우리 자신의 한계를 벗어나 자신을 볼 수 없으며, 다른 지성의 형태가 존재할 수 있는지에 대한 궁금증에 대한 답을 얻기 어렵다. 예를 들어 어떤 존재가 시간을 거꾸로 인식할 수 있다면, 삶의 방향과 원인과 결과의 개념이 어떻게 달라질지 상상하는 것은 흥미롭지만 불가능한 것이다.

그러나 오늘날, 우리가 자신들의 관점만이 유효하다고

단정하는 것은 너무나도 무례한 일이다. 세계는 다시 '무한無限'으로 다가온다는 점에서, 무한한 해석의 가능성을 완전히 배제할 수 없다.

큰 공포 속에서도 누군가는 이 '알려지지 않은 세계'를 다시 신성하게 여길 것이다. 또한, 미래에는 이 '알 수 없는 것'을 숭배하는 이들도 생길 것이다. 그러나 이 '알 수 없는 것'에는 너무나 많이 신성하지 않은 해석의 가능성이 있고, 해석할 때의 어리석음이 포함되어 있다. 이 모든 것은 우리 자신의 '인간적인 해석'을 포함하고 있다는 사실을 잊지 말자.

164

우리의 느린 시기들

모든 예술가가 그렇듯이, 모성母城적인 사람들은 자신의 삶을 한 편의 '작품'으로 만들어 간다. 그들은 이미 목표에 도달했다고 느끼면, 죽음조차도 인내심을 가지고 받아들인다. 마치 그것이 성숙의 다른 형태인 것처럼.

이는 결코 피로에 의한 게 아니다. 오히려 가을 햇살 같은 온화함을 표현하는 것이다. 그것은 작업의 성숙이 창조자에게 남긴 결과다. 삶의 속도는 느려지고, 꿀처럼 느리게 흘러간다. 그것은 긴 휴식을 향한 신뢰로 변모한다.

165

경멸과 사랑, 지적인 존재로서의 우리

이 책의 저자는 반反인류주의자가 아니다. 지금 시대에 사람들을 혐오하는 것은 너무 큰 대가를 요구한다. 그 옛날 그리스 철학자 티몬Timon과 같이 사람들을 향한 전면적인 혐오가 목적이라면, 우리는 경멸을 포기해야 한다.

하지만 경멸을 통해 우리는 얼마나 많은 세련된 즐거움과 인내, 심지어 선의까지 얻었는가? '세련된 경멸'은 우리의 취향이자 특권이며, 예술, 덕목이다.

그러나 혐오는 우리를 평등하게 만든다. 혐오 속에서 우리는 서로 대등하게 마주한다. 또한, 혐오에는 굉장한 두려움이 따른다. 다행히 이 시대의 가장 지적인 이들은 두려움 없이 살아간다는 우리의 장점을 충분히 이해한다.

따라서 우리를 쉽게 처벌하거나 감금하거나 추방하지 않을 것이다. 우리의 책을 금지하거나 불태우지도 않을 것이다.

지금 시대는 지성을 사랑하며, 우리를 필요로 한다. 심지어 우리가 그들에게 '경멸의 예술'을 이해시켜야 할 때조차도. 우리와의 모든 교류가 공포스러움에도 불구하고. 우리의 온화함, 인내, 인류애, 예의에도 불구하고.

그러나 우리는 인간보다 자연을 더 사랑하며, 우리가 예술을 사랑하는 만큼 사람들과 멀어진다는 사실을 그들은 이해할 수 없을 것이다.

166

대담한 탐험자가 되어

우리, 미지未知의 새로운 것을 탐험하는 이들, 그리고 미래의 선구자들은 '새로운 목적을 위해 새로운 수단이 필요하다'라는 사실을 알고 있다. 이에 우리에게 필요한 '건강함'은 강하고, 예리하며, 질기고, 대담하고, 명랑해야 한다.

지금까지 알려진 모든 가치를 영혼이 체험하길 원하며, 자신의 개인적인 경험을 통해 발견자와 정복자가 되길 갈망하는 이들에게는 더욱 그렇다. 이들에게 필요한 건강함은 단순히 소유하는 것이 아니라, 끊임없이 획득하고 희생하는 것이다.

우리, 그리고 이 길을 오랫동안 걸어온 이들은 많은 고난과 난파를 겪었지만, 일반적으로 인정받지 못한 것보다 훨씬 건강하다. 우리는 항상 다시 건강해지며, 아직 누구도 본 적 없는 새로운 경계를 넘어서는 '미지의 땅'이 우리 앞에 펼쳐져 있음을 느낀다.

지금까지 알려진 모든 이상을 넘어선 저편에 아름답고, 두려우며, 신성한 세계가 존재한다. 이제 더 이상 우리를 만족시킬 수 있는 것은 없다. 이러한 통찰력을 현대인이 가진다면, 스스로 만족감을 채울 수 있을까?

우리 앞에는 새로운 이상이 펼쳐져 있다. 이것은 위험하고, 유혹적이며, 매혹적인 이상이다. 우리는 그 누구에게도 이를 억지로 설득하고 싶지 않다. 이제 우리는 진정한 신성함과 선함을 포용하며, 현대의 진지함과 소란에서 벗어나, 새로운 차원의 인식을 시작하는 이들이다.

마치며

삶은 선택의 연속이다. 자신의 마음속 깊은 곳을 온전히 들여다보고 선택한다면, 그 선택은 결코 잘못될 리가 없다. 때로는 당장 원하는 결과가 나오지 않을 수도 있겠지만, 그것은 사람의 힘으로는 할 수 없는 불가항력不可抗力일 뿐이다.

나 역시 불가항력의 시기가 있었다. 꿈을 좇으며 열심히 살았지만, 정작 현실은 시궁창 같은 상황이었다. 그때 안락한 환경과 평온한 일상을 보장하는 자리로 갈 수 있는 기회가 생겼다. 물론 꿈과는 멀어지겠지만, 지난날에 저지른 잘못 때문에 하루하루가 투쟁과 걱정의 연속이었던 내 삶 속에 찾아온 기회는 한 줄기 희망의 빛처럼 보였다.

이런 생각이 드는 것도 어쩔 수 없었고, 또 명백한 사실이었다.

'꿈을 포기하면 고통받는 것에서 벗어날 수 있겠지?'

'안락한 환경에서 사람다운 일상을 누릴 수 있겠지?'

그러나 이런 생각도 잠시뿐, 그 상황을 기회로 여긴 나 자신에게 분노가 치밀었고, 쉽게 포기하는 인간이라는 생각에 자괴감마저 들었다.

'그 기회가 정말 내가 걸어가야 할 나의 길인가?'
'내가 과연 그토록 나약한 인생을 살고자 했는가?'

내 마음속 깊은 곳에서 '절대 아니다'라는 목소리가 들려왔다. 그저 내 힘겨운 상황과 그런 조건들이 맞물려 기회라고 여긴 것이다. '기회'라고 말한 나 자신이 스스로 역하지만, 결국 그 기회를 잡지 않았다. 단지 누군가가 좋은 제안을 해줬다는 고마움만 내 안에 남긴 채, 한층 더 강인해진 나는 기꺼이 고난을 겪을 마음가짐으로 다시 일어났다.

'한 인간으로 태어나 스스로 삶을 일으킬 수 없다면,
그것이 내가 진정으로 꿈꾸고 바라던 삶의 모양일까?'

내가 꿈꾼 인생의 청사진은 그런 것이 아니었다. 그리

고 일련의 도전 끝에 한계 상황에 내몰린다고 해도 나 스스로 어려움을 돌파하며 맞서나간다면, 반드시 그 꿈에 닿을 수 있을 거라 믿었다. 그래서 나는 선택했다. 자신의 목적을 위해 다른 사람을 이용하는 일이 벌어지는 세태에서 벗어나, 조금 힘들어도 진정한 삶의 가치를 찾는 인생길을 가기로 했다.

인생을 편안함에 안주하며 살아가기엔 채워지지 않는 그 무엇이 나를 이끌었다. 고급 빌라의 벽난로 같은 안락함에 몸을 맡기기보다, 설령 길바닥을 전전하며 굴욕의 시간을 겪어도 나 자신의 힘으로 꿋꿋하게 나아가겠다고 결정했다. 이러한 결정이 향후 몇 년을 더 나를 괴로움 속에 빠뜨릴지는 알 수 없다. 그럼에도 불구하고 나는 그리하겠다.

운명론적인 관점에서 고통과 괴로움은 필연적이며, 언제나 내 앞에 놓여 있을 것이다. 하지만 하루하루 충실히 살아가며 올바른 선택을 이어 나가고, 그에 따른 모든 결과도 당당히 감내할 것이다.

'모든 기회는 고통과 위기의 얼굴을 하고 온다.'

우리는 불완전한 세상을 살아가는 불안한 존재들이다. 그래서 당장이라도 세상이 무너질 듯한 일들에 두려워한다. 하지만 올곧은 신념 아래 스스로 한계를 뛰어넘는 사람에게 인생은 숨겨둔 선물을 주기 마련이다.

지금 우리에게 영감을 주는 위대한 인물들도 단 한 명의 예외 없이 자신의 고난을 기꺼이 감수했다. 물론 인생은 매 순간이 위기이자 고난의 연속이기에 포기하고 싶다는 생각이 들 것이다. 그럴수록 힘겨운 인생의 작은 틈 사이로 들어오는 빛 한줄기를 보면서 마음가짐을 올바로 해야 한다.

마음속에 자신이 꿈꿔왔던 모습을 잊지 말고, 자기 자신에 대한 믿음이 0.1퍼센트라도 있다면 꽉 쥐어 잡아야 한다. 그 작은 믿음이 이번 생生에 당신이 최고의 결실結實을 얻게 할 것이다.

'힘겨운 순간마다 용기를 갖고 거침없이 뛰어들어라.
인생은 당신이 가장 피하고 싶고, 불편해하는 그곳에
평생토록 꿈꾸고 바라온 보물을 숨겨놓았으니까.'

김요한

왜 너는 편하게 살고자 하는가

지은이 프리드리히 니체
옮긴이 김요한
펴낸이 떠오름

초판 1쇄 발행 2024년 4월 25일
4쇄 발행 2024년 7월 12일

펴낸곳 ㈜떠오름코퍼레이션
출판등록 제2021-000002호(2020년 4월 28일)
주소 서울특별시 성동구 왕십리로 4길 23-1, 3층 302호
전화 070-4036-4586 **팩스** 02-6305-4923
이메일 official@risebooks.co.kr

값 17,800원

ISBN 979-11-92372-60-0 03100